U0586046

低 成 本

见世面

的

100 种方法

彩色斑马童书馆◎编著

贵州出版集团
贵州人民出版社

图书在版编目（CIP）数据

带孩子低成本见世面的 100 种方法 / 彩色斑马童书馆
文图 . -- 贵阳 : 贵州人民出版社 , 2024.5 （ 2025.5 重印）
ISBN 978-7-221-18283-8

Ⅰ . ①带... Ⅱ . ①彩... Ⅲ . ①家庭教育 Ⅳ . ① G78

中国国家版本馆 CIP 数据核字（2024）第 072038 号

DAI HAIZI DI CHENGBEN JIAN SHIMIAN DE 100 ZHONG FANGFA

带孩子低成本见世面的 100 种方法

彩色斑马童书馆　编著

出 版 人　朱文迅
责任编辑　张　芊
装帧设计　刘　丹
文　　稿　何冰倩

出版发行　贵州出版集团　贵州人民出版社
地　　址　贵阳市观山湖区中天会展城会展东路SOHO公寓A座
印　　刷　香河县宏润印刷有限公司
版　　次　2024年6月第1版
印　　次　2025年5月第2次印刷
开　　本　710毫米×1000毫米　1/16
印　　张　8
字　　数　83千字
书　　号　ISBN 978-7-221-18283-8
定　　价　49.80元

如发现图书印装质量问题，请与印刷厂联系调换；版权所有，翻版必究；未经许可，
不得转载。

　　带孩子见世面难道一定要走遍全国乃至世界吗？这也许只是一种教育陷阱。有些家长觉得带孩子见世面就应该看名胜古迹、尝珍贵佳肴，要舍得花钱！这种观念让人忘记了体察生活的本真本味，以及追求精神领域的富有不一定需要支出高昂的费用这个道理。其实，让孩子回归朴实的生活，感受人心的美好与温馨，这样的"世面"足以教出一个三观正确、人格健全的孩子。

　　生活并不一定要有十分华丽的东西。生活往往藏在人群中间，藏在人生百态中间，引导我们寻找那一缕治愈人心的烟火气。"世面"并不是我们可以拿来在人前炫耀的资本，而是回归本心的真情实感，以及对生活最真实、最原始的体悟。

　　见世面最重要的是过程。"一叶一菩提，一花一世界"，哪怕是让孩子沉下心来去触碰一株小草这样微不足道的事情，也能帮助他感受生命的流动，和这个世界建立起美好的联系。

　　生活就在我们身边，不需要我们去追逐，只需要我们静下心来去感受。当孩子的年纪还小，"三观"还没有完全成形时，家长应该尽量用积极的事物去帮助他们建立正确的"三观"。比如，多亲近自然帮助孩子养成纯粹、活泼的性格；借助人际交往教育孩子学会换位思考和待人接物；用艺术熏陶来增添孩子的优雅和浪漫；通过实践来锻炼孩子的执行力和处理问题的能力……其实我们只需要借助生活中最简单的小事就可以帮助孩子快乐、健康地成长。

目 录

第一章 自然篇
在一草一木里感受生命的生机

第二章　人际篇
在人与人的接触中学会沟通

第三章 文艺篇
在文化活动中培养性格

第四章 生活篇
在生活实践中走向充实人生

第一章
自 然 篇

在一草一木里
感受生命的生机

陪孩子下乡"干农活"，体会劳动的快乐

【活动介绍】

　　下乡"干农活"是指让孩子走进乡野田间，做一些简单的农活，如插秧、种菜、挖红薯等活动。让孩子在田野风光里，和自然来一场亲密对话。同时，让孩子向农民伯伯了解农作物的种植和生长过程，增长见识。

【如何开阔眼界】

　　让孩子下乡"干农活"，可以让孩子亲身体验农作，了解一些基本的农业知识，如农作物的生长规律以及自然气候对农业的影响等。我国作为农业大国，粮食产量常年位列世界第一，属于世界"四大粮仓"之首，这主要得益于我国得天独厚的自然条件和悠久的农耕文化，以及科学家对农作物的不断研究。

　　下地劳作可以帮助孩子提高动手能力，在亲身实践中理解农民伯伯的辛苦和粮食的来之不易，培养珍惜食物，在饭桌上"光盘"的好习惯。不仅如此，家长可以利用走进田地里的机会，用动植物来激发孩子的好奇心，帮助孩子增长见识，提升能力。

　　生命的美好在于遇见。走进田间地头，在匆匆忙忙的世界里享受一丝恬静从容，在庸庸碌碌的奔波里找到一份惬意和慵懒，在繁复琐碎的生活里找到一点小确幸，如此的"世面"足以慰藉人心。

陪孩子去公园遛遛，做个免费的阳光浴 ②

【活动介绍】

趁着阳光正好，微风不燥，家长们可以选择附近的一个公园，在阴凉的地方铺一张餐布，摆上孩子喜欢吃的水果和零食，然后和孩子坐在草坪上聊聊天，交换心事。或者选择一个空旷的地方，打打羽毛球，踢踢足球，让孩子的四肢得到锻炼，这样孩子的头脑也会更敏捷哟！

【如何开阔眼界】

孩子在玩耍的过程中会做一些类似快走、慢跑的有氧运动，这些日常的锻炼可以帮助孩子舒展筋骨，让身体变得更加强壮。

去公园也能让孩子更多地与外界接触，结识朋友，慢慢提高与人相处的能力，养成活泼开朗的性格。万物都是向阳而生，家长和孩子可以沉浸在公园的阳光里，做个免费的阳光浴，在阳光里轻嗅花朵的馨香，聆听鸟儿的歌唱，"洗掉"之前的烦恼和忧愁。孩子们也可选择独坐一隅，捧卷阅读，在大自然这座书房里接受文字的熏陶。

有意义的东西不一定昂贵，昂贵的东西不一定有意义，生活的意趣在于偶然的遇见。比如，偶遇一束阳光，偶遇一朵初绽的鲜花，偶遇一只奋力向上爬的蜗牛。不要错过生命中偶然遇见的惊喜，在这么美的阳光下，无论是独处还是结伴游玩，都是不错的选择。

3 陪孩子来一场赛跑，勤锻炼有助于骨骼发育

【活动介绍】

家长们可以选择在一个没有学业任务的午后，带着孩子在学校操场上来一场赛跑。家长可以在跑步之前帮孩子换上一双舒适的运动鞋，这样才能让他们充分感受赛跑带来的竞技的快感以及运动的活力与激情。在赛跑之前别忘记让孩子做好准备活动，如抖抖手、扭扭腰、活动一下踝关节等，这样可以让孩子避免在赛跑的过程中扭伤。

【如何开阔眼界】

科学研究表明，坚持跑步不仅可以提高骨骼的强度，锻炼肌肉，改善心血管系统功能，而且还能促进新陈代谢。

短距离冲刺跑可以锻炼孩子的爆发力，长跑可以锻炼孩子的耐力和恒心，不论哪种方式的跑步都可以起到锻炼肌肉、强身健体的作用。不过跑步相对其他运动项目而言比较枯燥，家长通过赛跑的方式可以调动孩子对跑步的兴趣，这样更有利于孩子坚持下去。跑步除了对身体有好处，还对人的心理健康十分有益，这是因为人在跑步时，大脑会分泌多巴胺和内啡肽，这可以帮助我们缓解抑郁和焦虑等情绪。综上所述，适度的跑步有利于孩子的身心健康。

在赛跑的过程中，家长们也可以适当放慢脚步，让孩子赢得比赛，获得一些成就感，使孩子更加喜欢跑步。赛跑这项运动对场地和设备的要求都不算高，算得上"性价比"很高的一项运动了。

去草地上观察昆虫，一起数数它有几条腿

【活动介绍】

父母可以带着孩子去公园寻找、观察昆虫，在一旁给孩子讲解昆虫的名字和特征，教会孩子辨别害虫和益虫，拉近孩子与自然的距离，培养孩子细心观察的能力。当然，如果遇到一些危险的昆虫，家长也要提醒孩子千万不要靠近，更不要伸手触摸，避免受到伤害。

【如何开阔眼界】

去草地上观察昆虫，可以丰富孩子对于自然界的认识，了解形形色色的昆虫，而且可以培养孩子的观察能力，激发孩子的好奇心和探索欲，帮助孩子开发大脑，挖掘潜力，是一件有趣又有益的事情。

"科学诗人"法布尔通过对昆虫细致严谨的观察和研究，写出了伟大的作品《昆虫记》。微小的昆虫不仅帮助他打开科学研究的大门，而且帮他找到了生活的趣味和意义。孩子也可以通过观察昆虫建立对世界的认知，思考生命的哲学。

孩子可以向辛勤搬运食物的蚂蚁学习团结和勤劳，向化茧新生的蝴蝶学习坚韧和顽强，向蛰伏的蝉学习乐观和坚持。昆虫们虽然并不起眼，但是也有很多值得我们学习的美好品质。在一个充满阳光的午后，与昆虫来一次偶遇是否会引领我们打开新世界的大门，让我们收获突如其来的美好呢？

5 陪孩子捡秋天的落叶，感受四季的更迭

【活动介绍】

家长们可以在秋天的时候陪孩子捡起地上的树叶，将好看的树叶收集起来做成书签或者艺术品；也可以将树叶扫成一堆，让孩子将树叶扬到天空中，感受落叶飞满天的美丽。在玩耍之余，家长可以给孩子讲解树叶的种类和特性，帮助孩子增长见识。

【如何开阔眼界】

陪孩子捡秋天的落叶可以拓展孩子对植物的认识，锻炼孩子的观察能力，帮助孩子养成亲近自然、热爱自然的性格。

每一片树叶都有与其他树叶不同的形状和脉络，但是它们又有一些共性。比如，它们都可以进行光合作用，它们都没有动物的神经系统，因此感受不到疼痛。

家长要告诉孩子们，即便植物感受不到疼痛，也不能去伤害它们，因为植物通过光合作用产生了我们每天都要呼吸的氧气，植物蒸腾作用增加了空气的湿度，调节了大气的温度，而植物的根系还可以防止水土流失，对自然界其他生物的生存起着十分重要的作用。我们要爱护植物，保护好我们赖以生存的地球。

树叶里流淌着静默的生命，而落叶记录了生命凋零和轮回的美。秋高气爽的季节里，树叶纷纷飘落，埋入泥土，为来年春天万物复苏，树枝抽出新芽埋下伏笔。

带孩子在广场学习轮滑，感受速度与激情

轮滑俗称旱冰，是一项充满挑战和激情的休闲运动项目。周末空闲的时候，家长可以选择一个广场或者空地，让孩子换上一双合脚的轮滑鞋学习轮滑。

【如何开阔眼界】

轮滑是一项非常具有挑战性和乐趣的运动，它不仅能锻炼四肢的协调性，而且有利于增强心肺功能，是一项能帮助我们强身健体的娱乐运动。不仅如此，轮滑还能释放人的压力，使人心情愉悦、舒畅。孩子们在学习轮滑的过程中还能结识朋友，有利于帮助孩子形成开朗活泼的性格。

学习轮滑的过程虽然也会存在一些困难，比如孩子们可能会因为害怕而不敢迈开腿，因为身体失衡而摔倒等。但只要坚持下来，不但能让孩子感受到轮滑的乐趣，还可以锻炼其坚韧的品质。

刚开始学习轮滑的时候，孩子的脚还没有完全适应带轮的鞋子，可能需要家长在旁边搀扶。等到孩子慢慢适应，找到身体的平衡之后，他们就可以脱离家长的搀扶，在宽阔的广场上自由滑行了。当然，需要注意的是，轮滑这项运动会有摔跤的风险，因此在学习轮滑的时候，最好带好护具，速度也要控制在合理范围内。

轮滑不仅可以使孩子心情愉悦，四肢协调，还能培养孩子的性格，确实是一项"性价比"很高的娱乐项目。

陪孩子登一座山峰，俯瞰山脚景色

【活动介绍】

登山的浪漫在于能在蜿蜒曲折中踏破未知，在砥砺前行中收获风景，在坚持不懈中拥抱顶峰。选择一个天朗气清的日子，换上合身的运动装，和孩子来一场充满未知和挑战的登山旅行吧！

【如何开阔眼界】

登山可以锻炼人的心肺功能，促进新陈代谢。山林中茂密的树木使得负氧离子浓度较高，而负氧离子可以帮助人体增强免疫力，改善呼吸系统功能，对人体十分有益。登山还能使孩子亲近自然，锻炼他观察自然的能力。

在一路向上的过程中，孩子也许会为一朵盛开的鲜花而驻足，为一片凋落的叶子而放慢脚步。大人和小孩徜徉在自然的怀抱中，远离城市的喧嚣和繁忙，享受慢下来的时光。

大自然的鬼斧神工是许多艺术家灵感的来源，让孩子多接触自然风景，可以培养孩子的感性思维，提高孩子的艺术修养和对美的领悟能力。

克服阻力向上攀登的过程十分消耗能量，可能会让人想要放弃，但只要坚持到最后，就能欣赏到山顶的美丽风光。不过凡事都要讲究平衡，在登山的过程中也要注意休息和放松，不要过于劳累。

陪孩子在阳光下玩一出手影戏

【活动介绍】

在一个有太阳的清晨和孩子玩一出手影戏吧！谁能想到简单的手指竟然也能活灵活现地模仿出各种各样的事物。

手影戏应该是许多人的童年回忆了，这个游戏主要是通过两只手的缠绕和配合，遮挡住投射过来的阳光，在墙壁上留下各种形状的影子。这些在墙壁上留下的影子有时像翱翔的雄鹰，有时像可爱的小兔子，有时像正在张嘴汪汪叫的小狗。这一刻，孩子的小手仿佛被施了魔法一般，能变出各种各样的小动物。

【如何开阔眼界】

光是沿着直线传播的，所以被手遮挡住光线的地方就会形成阴影。手影戏可以帮助孩子拓展思维，增强创新能力。同时，孩子在和其他小朋友一起玩耍的过程中还能收获友谊，增强与人交往的能力，其中的意义远远超过了一场简单的游戏。

简单的事情也可以充满童趣。孩子的心灵是纯粹、质朴的，家长不能逼迫孩子学习，而应该顺应孩子的天性，让他们在细小的事物中养成热爱思考的习惯，培养他们的求知欲。

9 在有星星的晚上和孩子一起去找北斗七星

【活动介绍】

在一个有星星的夜晚，家长可以带着孩子躺在草坪上仰望星空，寻找著名的北斗七星。可以引导孩子思考北斗七星的来源，感受宇宙的浩瀚与神秘。

【如何开阔眼界】

北斗七星由天空中七颗较亮的星星组成，形状像古代舀酒的斗，通过第二颗与第一颗的连线可以找到北极星，故名北斗七星。在中国古代，北斗七星象征着天地秩序的制定者和中心，古人将这七颗星星从斗身的前端到末端分别命名为天枢、天璇、天玑、天权、玉衡、开阳、瑶光，今天我们仍可以通过北斗七星来辨别方位。

家长带着孩子在晚上观察星星，这种经历不仅能激发孩子对宇宙的探索欲，培养孩子热爱思考的能力，而且还能锻炼孩子的观察能力。通过观察星星，孩子会逐渐了解到宇宙的浩瀚和庞大，同时也了解到地球只是太阳系中一颗围绕着太阳公转的渺小行星。宇宙神秘深远，值得我们坚持探索。

星星之所以美丽，是因为它承载了宇宙的奥妙和广袤，是我们人类了解宇宙、迈向宇宙的起点。还有许多与星星相关的神话故事和科学知识，这些都可以丰富孩子的见识，拓展孩子的思维，家长可以慢慢给孩子讲解。

陪孩子在有阳光的树林观察丁达尔效应

【活动介绍】

网上曾有这么一句话："丁达尔效应出现的时候，光就有了形状。"这句话生动地描述了丁达尔效应发生时的场景。家长可以选择一个清晨或者雨后天晴的时刻，带着孩子去树林里感受丁达尔效应。

【如何开阔眼界】

丁达尔效应其实是光的一种散射现象，通常出现在清晨或者日落时分，这时，充满了水雾和灰尘的大气相当于胶体，而光线透过胶体会发生散射作用，从而形成一道道光柱，仿佛让我们看见了光的形状。

在有阳光的树林里观察丁达尔效应，可以帮助孩子增长一些科学知识，了解更多有趣且富含哲理的物理现象，帮助孩子拓宽知识面。

丁达尔效应让我们能够循着光的轨迹偶遇自然界中独特的风景，也让我们了解到藏在生活中的科学奥秘。生活中还藏着许多类似的科学现象，家长可以带着孩子一起多多探寻。

11 把冰块放在阳光下，陪孩子观察它如何慢慢融化

【活动介绍】

冰块几乎是每个家庭都有的东西吧！家长可以从冰箱里取出一块冰，将它放在阳光下面，和孩子一起观察冰块会发生什么变化。

【如何开阔眼界】

在阳光的照射下，冰块表面的温度会渐渐上升，温度上升到冰块的熔点时，冰块会产生融化的反应。

水总共有三种形态：固态、液态和气态。固态的水就是我们常见的冰；液态的水就是在常温下流动的水；而气态的水叫作水蒸气，水蒸气是水在遇到高温时被蒸发，一般会飘浮在空气中，肉眼不可见。这三种形态会随着温度的变化相互转换。

把一个冰块放在阳光下，陪孩子观察冰块如何慢慢融化。这样不仅能拓展孩子对于融化这一物理现象的认知，增加他们的知识储备，还能锻炼他们观察能力和思考能力。

陪孩子去田野里放风筝，探讨风筝 起飞的原理

【活动介绍】

家长可以选择在一个有风的晴天，拿上孩子喜欢的风筝，选择一个空旷的地方，将轻盈的风筝放飞，再慢慢将风筝线放长，看着风筝在微风中缓缓飞翔。

【如何开阔眼界】

风筝起源于春秋战国时期。当时，擅长手工艺的墨子发明了能翱翔于天际的木鸟，这便是风筝的原型。后来，鲁班将木鸟的材料进行改良，用竹子制成木鸟的框架，等蔡伦又发明了纸之后，民间才出现能飘浮在天空中，拿绳子牵引的纸鸢，纸鸢就相当于我们今天的风筝。

风筝之所以可以在天空中自由自在地"飞行"，是因为风筝上表面的风速大于风筝下表面的风速，根据伯努利定律，风速越快的地方压力越小，所以风筝下表面的压力比上表面更大，因此产生了一个向上的"升力"，将风筝"托"起来。

在放风筝的过程中，家长和孩子不仅可以放慢生活的脚步，静静感受生活中的美好，还能增加孩子的知识储备，提高孩子的实践能力。

其实，物理知识不仅存在于课堂中，我们在日常生活中也能接触到，只需用心去发现。

13 去果园亲手摘水果，看果实在树上是什么样子

【活动介绍】

家长可以带孩子去果园采摘水果，让孩子观察水果还未被采摘时的样子，并感受亲手采摘新鲜水果的乐趣。

【如何开阔眼界】

我们平时看见的一般都是已经被果农从树上采摘下来，摆在货架上售卖的水果。去果园亲手采摘水果，观察各种果树，发现不同果树的区别，了解果实是如何慢慢生长的。有些水果高高地挂在乔木上，如苹果、桃子、梨等；有些则生长在矮矮的灌木上，如草莓、蓝莓、火龙果等；有些则长在从土壤里抽出的藤蔓上，如西瓜、葡萄、猕猴桃、哈密瓜等。

通过采摘水果，我们可以丰富认知和见识，同时动手能力也能得到锻炼。

红彤彤的苹果挂在树枝上就像一个个小灯笼；草莓挂在绿色的茎条上，就像一只只小铃铛，风一吹就会摇晃起来；葡萄从藤蔓上垂下来，就像紫色的瀑布一样。每一种水果都有自己的生长特性，也有不一样的美感。

冰心曾说过："成功的花儿，人们只惊羡她现时的明艳，然而当初她的芽儿，浸透了奋斗的泪泉，洒遍了牺牲的血泪。"经历过风吹日晒和曲折磨难，才能成就果实的甘甜。我们也应该像挂在枝头的果实一般，不畏惧风雨，永远生机勃勃。

夏天的时候仔细聆听蝉鸣，把你听到的记录下来

【活动介绍】

蝉鸣最能唤醒我们对夏日的记忆。每当到了夏天，一阵阵此起彼伏的蝉鸣打破了仲夏的宁静，宣告着酷暑的来临。

在夏天的时候和孩子一起聆听蝉鸣吧！仔细辨别各种蝉鸣的差异，思考为何只能在夏天听见蝉鸣。孩子们还可以用文字记录一下蝉鸣的特点。

【如何开阔眼界】

其实小小的蝉在长成虫蛹之前，会经历很长的幼虫时期。这些幼虫会蛰伏在地下数年，靠汲取树木的汁液生存，这个阶段对幼虫来说漫长又黑暗。幼虫成长为虫蛹之后，还会经历多次蜕变，最终长成真正的蝉，而当幼虫蜕变成成虫后，它们的生命也就只剩下短短一个夏天了。

家长可以在孩子聆听蝉鸣的过程中引导孩子思考一些相关的问题，比如蝉为什么只在夏天鸣叫，它们是哪个部位在发出声音，它们为什么要发出声音，等等。这些问题都能够带动孩子的思考，激发孩子的探索欲和求知欲，促进孩子智力的开发。

蝉的一生曲折而艰辛，数年的黑暗蛰伏才换来一朝的黎明曙光。这种坚持不懈的品质也可以在我们的生活中鼓励我们，一旦选择去做一件事情，不管过程如何艰难曲折，都要坚持下去，最后一定能看见成功的曙光。

15 在山谷里听回声

【活动介绍】

周末的时候，父母可以带孩子寻找一处深幽秀丽的山谷，和孩子一起朝着山谷大喊一声。不久之后，我们会听见同样的声音传过来，仿佛是山谷另一边的人对你的回应，这就是俗称的"回声"。

【如何开阔眼界】

声波在传播过程中，如果遇到大面积的阻碍物就会反射回来，传入到我们耳中，最终，我们就会听见两个一模一样的声音。

在山谷里大喊然后听回声，可以帮助孩子走进自然，了解自然界中奇妙有趣的现象。学习回声产生的原理可以提升孩子的知识储备。孩子穿梭在深山幽谷中，还可以呼吸清新的空气，欣赏绿色植被，感受自然之美。在焦虑时，在山谷中大喊一声，可以将心中压抑的烦恼和苦闷全都释放出来，这也有利于身心健康。游走在山涧潺潺、翠幕雾屏的山谷之间，和自然融为一体，感受天地的广阔和山林的幽静，足以抚平我们灵魂中所有的偏执和焦虑。

在夏夜捉萤火虫，观察萤火虫哪个部位在发光

【活动介绍】

仲夏之夜的萤火总能点燃人们心中的思乡之情，陪孩子去捕捉一只散发着微光的萤火虫吧！看它在掌心慢慢飞起时的样子，顺便思考一下，萤火虫为什么能在黑夜里闪闪发光？它们是哪个部位在发光呢？

【如何开阔眼界】

很多小朋友都十分好奇，为什么萤火虫能在夜晚的时候发出绿色的光芒，一闪一闪的，就像小星星一样。其实这是因为萤火虫的腹部有一种荧光素和一种催化酶，在这两种化学物质的作用下，萤火虫的腹部就会散发出淡淡的荧光。

在捕捉萤火虫的时候尽量不要伤害它们，将它们轻轻拢在手心里观察就好了。看完之后记得将这些"小精灵"放回大自然，让它们能够继续点亮黑夜。

观察萤火虫不仅能帮助孩子亲近自然，而且能提高他们的观察能力和思考能力。

萤火虫渺小又脆弱，却依旧坚持在黑夜中散发光芒。小小的萤火虫敢于用自己的力量点亮黑夜，我们是否也应该坚持用自己微小的努力改变命运，迎接光明？

17 仔细聆听鸟鸣，并说出它们的区别

【活动介绍】

鸟类是人类的好朋友，家长可以在周末的时候，带着孩子前往一片树林，静下来聆听鸟鸣。

【如何开阔眼界】

想要提高孩子的观察能力和分辨能力，就到大自然中去！画眉的声音婉转清丽；百灵鸟的声音灵动悠长；夜莺的声音嘹亮绵长，百转千回。孩子会意识到不同的鸟会发出不同的声音，加深对自然的理解。

仔细聆听鸟鸣可以帮助孩子增长见识。鸟是森林的守护者，是大自然里可爱的精灵，可以帮助植物传播种子，还能消灭害虫，对维持生态平衡起着非常重要的作用。鸟也为我们的生活带来美和诗意，每当清晨街道上响起悦耳的鸟鸣，我们总会感到神清气爽。

在聆听鸟鸣的过程中，家长可以给孩子普及和鸟有关的传统文化，加强孩子对传统文化的理解和传承。例如，鸟被赋予了许多美好的寓意——喜鹊临门象征着吉祥，燕子筑巢象征着富贵，孔雀开屏象征着好运，等等。这些均代表了人们对美好事物的精神寄托，也丰富了中华文明的内涵。

自然界中藏着许多美丽的生灵，我们应当学会欣赏和爱护这些渺小但不平凡的生命。

观察大雁南迁时阵队的形状

【活动介绍】

在每年的 9 月到 11 月，受到寒潮的影响，北方的大雁会往南方迁徙。如果有机会和孩子一起观察大雁南迁时的阵队形状，请让孩子思考它们为什么会以这种形状的阵队飞行。

【如何开阔眼界】

每年冬季快要来临的时候，大雁都会飞向南方，躲避严寒，飞往更加温暖的地方。大雁是群居动物，因此在南迁的时候也会成群结队，排成一个长长的"一"字形或者"人"字形阵队，一般由比较强壮的大雁在前面带队。

这样的阵型可以减少空气阻力，让飞行更加省力。前面的大雁扇动翅膀时会产生一股气流，这股气流会将后面的大雁向上"托举"。群体中的较强者帮助较弱者的现象在管理学中被称为"雁阵效应"。

观察大雁南迁时的阵队，不仅可以为孩子科普"大雁南迁"这一自然现象的原理，增长孩子的见识，还能锻炼孩子的观察能力和思考能力，激发他们的创新思维。

大雁在南迁的过程中，强者会帮助弱者，保护弱者，雁群会兼顾团队里的每一个成员。这种团结精神也可以运用在我们的生活中，能力较强的人应该去帮助能力较弱的人，共同前进。

19 在沙地上画画，和孩子探讨画的是什么

【活动介绍】

随手捡起一根树枝，在沙地上将脑子里的奇思妙想画出来吧！这一刻，沙地就是孩子的画板，而孩子只需要像一个艺术家一样随心所欲地创作。创作的工具不限于木棍，也可以是各种各样的东西——扫帚、旧抹布，甚至可以是自己的身体。比如将脚丫踩在沙滩上，留下独一无二的脚印。创作结束之后，不要忘记让孩子给父母讲解一下自己的作品的主要思想和灵感来源哟！

【如何开阔眼界】

你们听过"古代四大慈母"之一——欧阳修之母——用荻草在地上教年幼的欧阳修写字的故事吗？古时候笔墨纸砚都比较昂贵，那时欧阳修家中贫寒，买不起写字的笔和纸，于是欧母就地取材，摘下房子附近的一根荻草，在沙地上教欧阳修写字。后来欧阳修考取功名，成为宋代名噪一时的文人学者，名列"唐宋八大家"之一，这都离不开欧母对欧阳修的言传身教。

现在生产力大大进步，大多数人都买得起纸和笔，但是依旧可以体验一下拿着木棍在沙地上写字、画画的感觉。

在沙地上画画有益于锻炼孩子的发散性思维，在沙地上随手画出的画也许线条简单，但是却映射了孩子们丰富的精神世界，学会欣赏孩子，这样可以增强孩子的自信心和成就感。

观察牛吃草，和孩子分享所见 **20**

【活动介绍】

孩子们看过牛吃草的场景吗？在广袤的田野间，一只牛正在悠闲地咀嚼着新鲜的嫩草。在空闲的时候，选择一片有牛的农田，去看看牛吃草的情形吧！再让孩子将自己看到的东西和爸爸妈妈分享一下。

【如何开阔眼界】

其实牛有四个胃室，每个胃室有不同的功能，它们负责降解植物的纤维、过滤杂质、消化吸收食物中的营养物质。有些植物中的粗纤维比较多，牛的胃不能一次性将植物完全

消化，因此就会出现反刍的现象，也就是牛会将胃里的食物返回到嘴里，继续咀嚼，这个过程能够帮助牛更好地消化食物。

父母可以带孩子去看看牛吃草的情景。孩子可以和父母描述自己看到了什么，大胆发表自己的看法。

观察牛吃草可以培养孩子的观察能力、亲近自然的能力，是一个不错的休闲项目。

21 和孩子一起养一只宠物

【活动介绍】

蹦蹦跳跳的小兔子，顽皮可爱的小猫，忠诚活泼的小狗，哪一种小动物最能打动你的心？现在越来越多的人选择养一只宠物来陪伴自己，给生活增添一些乐趣。父母也可以和孩子一起养一只宠物，陪伴孩子一起成长。

【如何开阔眼界】

养宠物不仅可以给孩子带来许多乐趣，还能培养孩子的责任感。可爱的小生命会激发他们的共情能力和爱心。与此同时，宠物为孩子提供的陪伴和互动，可以让孩子感受到温馨和愉悦，填补父母忙碌时的孤单，有利于孩子的身心健康。

但是也不要忘记给宠物打疫苗，定期驱虫，以保证宠物的健康和洁净。

和孩子去海边，感受浪花拍打脚趾　㉒

【活动介绍】

在海边漫步，感受浪花轻轻拍打脚趾。浪花拍打在脚趾尖的温凉触感让人觉得心旷神怡。

父母可以在假期的时候带着孩子一起去海边，体验冲刷着沙滩的海浪拍打脚趾的感觉，让太阳将全身晒得暖洋洋的。这时再来一口甘甜的椰子汁，别提多惬意了。当然在玩耍的过程中也要注意安全，小朋友和不熟悉水性的大人千万不要在不戴救生圈的情况下下海。

【如何开阔眼界】

咸咸的海风拂过脸庞，蔚蓝的大海映入眼底。这些心旷神怡的景色可以让人暂时忘却生活中的压力和烦恼，在自然中调节心情。

和孩子一起去海边，不仅能够让孩子感受大自然的魅力，而且可以让孩子在和其他小伙伴的嬉闹中学会如何与人交往，培养活泼开朗的性格。

享受生活的方式有很多种，有时候并不需要高昂的消费，只需要留心生活里的点滴美好，在平凡烟火中懂得陪伴和欢聚的意义。

23 一起吹散一株蒲公英

【活动介绍】

蒲公英是马路边比较常见的一种植物。轻轻一吹，蒲公英的种子就会从花茎上脱落，随风飘扬。蒲公英的种子上长着白色冠毛，冠毛飘浮在空中，就像一把把小雨伞一样。

父母和孩子如果遇见路边的蒲公英，可以将它的种子轻轻吹向天空，帮助它完成一次种子的传播，感受最纯粹的自然之美。

【如何开阔眼界】

蒲公英的花语是自由，大概是因为蒲公英会借助风的力量让自己的种子飞向自由与远方。这种向上生长的力量和不服输的精神值得我们学习。

曾有人为蒲公英作诗，"飘似羽，逸如纱，秋来飞絮赴天涯"，十分形象地描绘出了蒲公英的外观特征。轻盈的白色冠毛如同羽毛一般飘浮在天际，又如同秋天的柳絮，绵柔洁白，轻盈飘逸。

和孩子一起吹散一株蒲公英，可不要小瞧了这样一件小事，亲子关系往往可以在小事上增进。陪孩子一起做一些看似无聊的小事吧，让孩子在生活的小事里感受亲情的温暖和纯粹的童趣。

一起去草莓园摘草莓 **24**

【活动介绍】

　　春天是草莓成熟的季节，红透了的草莓挂在茎叶上，像是一个个可爱的小铃铛。摘下最红的一颗，送进嘴里，酸甜的汁水在嘴里炸开，甘甜的味道唤醒了沉睡的味蕾。在一个空闲的午后，父母可以带着孩子去附近的草莓园里采摘草莓，让孩子感受亲自采摘水果的乐趣。

【如何开阔眼界】

　　在草莓园里采摘草莓，可以锻炼孩子们的观察能力。家长可以告诉孩子草莓属于矮灌木，有畏寒、喜阳的生长特性，因此种植草莓的园区一般会覆上一层透明的塑料膜，给草莓御寒。透明的塑料膜还能让光线照进来，这样草莓就能进行充分的光合作用，变得更加甘甜了。

25 养一只蛹，见证它蜕变成蝴蝶的过程

【活动介绍】

如果感兴趣的话，可以给孩子买一只茧，耐心等待里面的幼虫破茧成蝶，亲自观察这个十分神奇的过程，感受生命的活力和不屈不挠。

【如何开阔眼界】

想必小朋友们都听过化茧成蝶的故事吧！蝴蝶在展开绚丽的翅膀之前，会经历一个幼虫期。幼虫期的蝴蝶会吐丝，将自己包裹起来变成一个茧，这个时期叫蛹期。等幼虫度过蛹期，它就会破茧而出，蜕变成一只漂亮的蝴蝶了。

蝴蝶蜕变的过程充满了艰辛和曲折，但是最后呈现出来的美丽姿态也不枉之前的汗水。

见证破茧成蝶的过程可以锻炼孩子的观察能力，激发孩子的好奇心和求知欲。看见一个平平无奇的蛹变成漂亮的蝴蝶，孩子一定觉得十分惊奇，小脑瓜里会冒出许多疑问，家长可以为孩子解答这些疑问，帮助他们理解一些自然现象，提高他们的理解能力。

曾有这么一句描写蝴蝶的诗："轻曼似纸惹春色，飞粉栖树胜彩霞。"每当春暖花开的时候，彩蝶就会飞舞在桃红柳绿之间，为自然增添一抹别样的色彩。养一只茧，见证它的蜕变，感受生命之美，感受自然之美。

第二章
人际篇

在人与人的
接触中学会沟通

1 陪孩子坐公交车，从起点站坐到终点站

【活动介绍】

父母可以让孩子带着坐公交车需要花费的硬币，独自坐着公交车去到自己想去的地方。考虑到安全问题，家长也可以陪同。在乘坐公交车时，父母可以耐心给孩子讲解一些公共场合的社交礼仪。比如，在公交车上要给老人和孕妇等需要帮助的人让座，不要大声喧哗，不要疾行，等等。

【如何开阔眼界】

公交车应该是最常见的交通工具了。有些人乘坐公交车去上班，有些人乘坐公交车去游玩的地点，有些人乘坐公交车去看望同住在一个城市的亲友。公交车为很多人提供了便利。只需要投入几枚硬币，人们就可以从起点站坐到终点站。

坐公交车可以最直观地感受居民的生活风貌。公交车上有匆忙的上班族，也有背着书包赶往学校的学生，还有跨城市来旅游的外地游客。他们的表情、神态展示了各种各样的生活状态，也展现了一个城市的温度和生命力。

可别小看在公交车上的这短短几小时，这段时间，家长可以培养孩子的观察能力和与人交往的能力。有机会一定要让孩子试试这个性价比很高的出行方式。

选择一家工厂，陪孩子观察流水线的运作

【活动介绍】

流水线是生产线的一种，这种常见的分工作业生产模式大大提高了生产效率，缩短了生产时间，为企业节省了生产成本，对近现代工业的发展起着不可忽视的作用。20世纪70年代，福特公司为了装配电机发明了世界上第一条流水线。

家长可以在周末的时候带着孩子一起去工厂的流水线参观，让孩子了解工厂流水线的运作方式。

【如何开阔眼界】

小到我们穿的衣服，大到一辆新能源汽车，它们的生产过程都离不开生产线。生产线的各个生产环节由不同的工人负责，生产或组装好的商品被搬上货架，供消费者挑选。

去一家工厂观察流水线的运作可以增进孩子对现代工业的了解，加强对社会劳动的认知，工人的辛勤劳动也会感染孩子，有助于培养其勤劳的性格。家长可以在带着孩子一起参观流水线时，让孩子了解和我们衣、食、住、行息息相关的产品是如何被制造出来的，同时让他们明白，社会发展离不开辛勤工作的劳动人民，生命的意义在于劳动和创造。

3 陪孩子参观道路维修工人的工作过程

【活动介绍】

父母可以带着孩子去观察道路维修工人是如何修缮马路的，也可以在天气炎热的时候递上一瓶水给辛苦工作的道路维修工人。

【如何开阔眼界】

我们经常能看见这样一个场景，那就是道路维修工人在闷热的夏天顶着炎炎烈日维修马路。马路常年有行人和车辆穿行、碾轧，因此会出现磨损和开裂的现象，这些马路上的缝隙和坑洞不但有安全隐患，而且影响美观，这时就需要道路维修工人来修缮路面。经过他们的修缮，马路又会恢复原来的样子，变得平整光滑，给来往的行人和车辆提供了极大的便利。

让孩子去观察道路维修工人修路，不仅可以帮助孩子培养责任感和对劳动人民的尊敬之心，还能教会孩子只要不惧苦难和挫折，即使是平凡的人也能对社会发挥巨大的作用，过有意义的一生。

职业无贵贱，每一种职业对社会的发展都有着不可忽视的作用，每一个为社会做出贡献的劳动人民都值得被尊敬。

带孩子去马路上帮助环卫工人捡塑料瓶子

【活动介绍】

当人们还在睡梦中时，勤劳的环卫工人就已经开始清扫城市了。正是因为有环卫工人起早贪黑地打扫城市的各个角落，才会有我们整洁干净的城市。

当父母和孩子走在街道上的时候，父母也可以带着孩子一起随手捡起街道上的矿泉水瓶，帮助环卫工人清理城市，维护市容市貌。

【如何开阔眼界】

别小瞧被人随手扔在路边的塑料瓶子，这种小小的塑料垃圾累积起来，不仅会影响市容市貌，还会污染环境。当我们在路边看见废弃的塑料瓶子的时候，不妨动动小手，将它们捡起来，扔进附近的垃圾桶。

无论寒冬还是酷暑，环卫工人每天都拿着簸箕和扫帚，辛勤地打扫着城市，他们用自己的行动和汗水换来城市的美丽，他们忙碌的身影就是城市最美的一道风景线。父母可以带着孩子去马路上帮助环卫工人捡塑料瓶子，这一举动能培养孩子的社会责任感，以及乐于助人的美好品质。

"勿以善小而不为"，看似不起眼的善举，做的人多了，就会对整个社会产生巨大的影响。

带孩子去商场挑选一个喜欢的生日礼物

【活动介绍】

在孩子生日的时候，陪孩子一起去商场挑选一个礼物吧！

【如何开阔眼界】

这种惊喜能让孩子感受到生活中的乐趣和家人的温暖，孩子在挑选礼物的时候会有一种满足感，家长也可以通过孩子挑选的礼物来判断孩子的喜好和个性。

比如，喜欢芭比娃娃的孩子可能心思细腻，通过照顾别人来表达爱；喜欢遥控飞机的孩子富有创新思维和好奇心；喜欢奥特曼的孩子有保护别人的欲望；等等。

家长也可以拿孩子喜欢的礼物激励他们完成一些有益的计划，如打扫卫生、清洗自己的衣服、整理书籍等。

生活有时平淡枯燥，家长可以偶尔给孩子一些小礼物，让他们在平淡的生活中收获惊喜，在收获礼物的同时感受生活的趣味和温暖。

和孩子共同制作一道美食

【活动介绍】

生活中的平常烟火最能抚慰人心。汪曾祺在《人间有味》中写道："人活着，就得有些兴致。"选择一个空闲的午后，父母可以和孩子一起烹饪一道喜爱的美食。

【如何开阔眼界】

烹饪美食的过程十分考验孩子的动手能力——孩子要在烹饪时思考如何选择新鲜和合适分量的食材，掌控油温、火候，在调味时还要控制调料的比例，这样才能做出一道完美的菜品。这个过程同样考验孩子的细心和耐心，对孩子是一次很好的锻炼机会。当然，在烹饪的过程中，最好由父母在一旁指导，避免孩子因为操作不熟练而被烫伤，或者发生其他事故。

当孩子成功烹饪出一道美食的时候，他们会收获满满的成就感，树立对自己的信心。烹饪可以帮助孩子们建立对家庭的责任感和归属感，有利于培养勤劳的品格。

在博大精深的中华文化中，饮食文化是一个重要组成部分，每个地区都有特色美食，如河南的胡辣汤、河北的驴肉火烧、北京的烤鸭、天津的灌汤包、东北的锅包肉、陕西的羊肉泡馍，数不胜数。这些美食不仅能满足我们的口腹之欲，更能慰藉人们劳碌奔走的心。

7 让孩子自己去自动取款机里取钱

【活动介绍】

父母有没有让孩子自己去自动提款机里取过钱？其实这也是一种必要的生活技能。

【如何开阔眼界】

自动取款机是一种能自动存取现金的机器，即使在以线上支付为主导的时代也依旧发挥着巨大的作用。让孩子去自动取款机里取钱，这是在教会他一项基本的生活技能，让他知道我们能把现金存在何处，又如何将现金取出。不仅如此，让孩子自己去自动取款机里取钱还能树立孩子的金钱

意识，让他们明白金钱是一种生活的保障，它来之不易，不应该肆意挥霍，并且适当消费之后剩下的钱可以储存在银行里，以备不时之需。

"授人以鱼不如授人以渔"，有时候教会孩子一些生活技能，给予他们一些精神财富，比给予他们单纯的物质财富更加重要。见世面的方法有很多种，孩子首先要学会一些基本的生活技能，这样才能更快地建立自理能力，成为一个能够独当一面的人。

陪孩子一起种一盆花，静静等待它绽放

【活动介绍】

陪孩子一起种一盆花，为它浇水施肥，静静等待它抽出新芽，长叶开花，共同见证生命生长的过程。

【如何开阔眼界】

培育花卉的过程需要耐心和细心，不同的花朵对生长环境有不同的要求，孩子需要思考何时应该浇水、何时要施肥、何时需要驱虫。这个过程也能调动孩子的思考，帮助他建立严谨的思维方式。不仅如此，孩子在种植花卉的过程中可以见证生命的成长，培养对生命的敬畏之心和守护之心。

大多数花卉都要经历播种、生根发芽、长出枝叶、长出花苞、花朵盛开然后凋零这几个阶段，这和人的一生有些相似之处。人的一生也会经历从出生到孩童，继而到精力最旺盛的青壮年时期，然后步入中老年，最后结束这绚烂曲折的一生。

9 和孩子一起看一场电影，聊一聊感想

【活动介绍】

选择一个空闲时间去看一场有意义的电影。电影可以让我们长时间走入一个情境中，进行深度思考，电影画面中所运用的摄影技巧和构图技巧也可以提升我们的审美。

【如何开阔眼界】

电影中不但有吸引人的故事情节和难忘的视觉效果，而且蕴含了许多深刻的人生道理。有些电影文艺、浪漫，有些电影治愈、温暖，有些电影深刻、富有哲理。

在这个信息碎片化的时代，走马观花地浏览碎片信息让我们养成了"浅"度思考的习惯。沉下心来安安静静地看一场电影可以帮助孩子养成深度思考的习惯。在看电影的过程中，家长也可以解答孩子的一些疑惑，引导孩子从不同角度去思考问题，养成灵活的思维习惯。这样的亲子互动可以帮助孩子建立思辨思维，也有利于建立和睦亲密的亲子关系。

安德烈·巴赞曾说过："电影是一种通过机械把现实记录下来的艺术。"电影帮助我们从第三人称的视角去观察生活，思考人生，是一种充满哲学意味的艺术形式。

陪孩子玩一次亲子角色互换

【活动介绍】

在空闲的一天和孩子互换角色，让孩子扮演家长，照顾父母一天的生活。

【如何开阔眼界】

是不是有时候觉得孩子比较顽皮，喜欢惹祸，不太能理解父母的心情？我们不一定要用打骂的方式教会孩子换位思考，我们也可以尝试用游戏的方式和孩子来一次亲子角色互换——让孩子扮演一天小家长，孩子在收获成就感的同时，也能体会到父母的辛苦。

仔细想想，这一天的工作量着实不小，但是这次经历可以让孩子参与到家庭事务中，和父母换位思考，在建立孩子对家庭的责任感和价值感的同时，还能提高孩子的动手能力和思考能力，这应该是一次不错的尝试。

其实相较于"被宠爱"，孩子更需要感受到"被需要"，孩子虽然尚未具备许多能力，但是他同样希望被别人看见和认同。让孩子扮演"小大人"的角色，用平等的态度和他们交流，这样也许能激发孩子的潜能。

11 陪孩子动手完成家庭科学实验

【活动介绍】

闲下来的时候，陪孩子做一次轻松有趣的家庭科学实验吧！

【如何开阔眼界】

在家里就可以做的科学实验有大气压实验。实验的主要流程是在一个木板上放置一根蜡烛，然后在点燃的蜡烛上倒扣一个玻璃杯，等玻璃杯里面的蜡烛熄灭了，实验者缓缓提起杯子的底部，会神奇地发现木板被玻璃杯"吸"住了。这个实验主要利用了大气压的性质。

家长还可以陪孩子做密度实验。首先准备一颗鸡蛋，将鸡蛋扔进一杯纯净水里，这时鸡蛋会沉下去；但只要不断往清水里加盐，等加到一定程度的时候，鸡蛋就会慢慢浮起来。这个实验的科学原理是当盐水的密度大于鸡蛋的密度时，鸡蛋会浮起来。诸如此类的科学小实验还有很多，父母都可以带着孩子一起体验一下。

以上这些简单易操作的科学小实验，不仅可以帮助孩子开发智力，让他们感受科学的奇妙，增长见识，还能培养他们热爱思考的习惯，对这个世界充满好奇和求知欲。

有些事物，我们看不见、摸不着，但是却真实地存在于我们的生活中，如重力、大气压等。通过一些小实验，我们能够让它们现出"原形"，这是不是很奇妙？其实这个世界有许多未知现象等着我们去耐心探索。

倾听孩子分享学校里发生的事情

【活动介绍】

父母是否总是忙于工作和生活，却忘记了倾听孩子的心事？其实孩子在成长中会遇到很多充满压力和困惑的事情，这时候需要父母的耐心聆听和一个温暖的拥抱。

【如何开阔眼界】

父母的理解是孩子最坚实的后盾，唯有孩子的精神足够充盈，他们才有足够的勇气去探索世界。

父母可以选择在孩子睡前和孩子聊一聊在学校里发生的事情，走进孩子的生活，了解他所经历的喜、怒、哀、乐。如果遇到不开心的事情，孩子及时表达出来，就不至于积压在心里，长此以往出现心理问题。争取做到当天的事情当天解决，不要让负面情绪延续到明天。

相较于父母喋喋不休的说教，孩子更需要倾听。他们的心声需要被听见、被理解，这种理解能够帮助他们找到自我、认同自我，更好地面对生活中的一些困难、挫折。

最好的良药是父母的倾听，最好的支柱是父母的支持与陪伴，不要因为忙碌而忽视对孩子心理的关注。

13 和孩子一起制订一天的计划

【活动介绍】

父母可以选择一个周末，在清晨起床的时候和孩子制订好一天的计划。比如，早上要干什么，午餐之后要干什么，晚上睡觉之前要做什么。将一天划分成一个个时间段，将每个时间段要完成的事情规划好，写在一张白纸上。

【如何开阔眼界】

让孩子从小就养成制订计划的习惯吧，这样更有利于帮助他建立清晰的人生规划。

养成制订计划的习惯应该先从小事做起。制订计划之后，孩子会开始意识到时间的宝贵，不会轻易地浪费时间，提高对时间的利用效率。

计划是连接目标和行动的桥梁，如果空有目标，却没有一个计划去支撑它，那么目标就难以实现，最终会变成空想。因此制订计划对孩子来说是很重要的能力。

曾有这么一句话："凡事预则立，不预则废。"计划是在为实现目标做准备和规划，制订好计划可以帮助我们有序地实现目标，提高做事情的效率，更容易成功。

让孩子安排一次旅行

【活动介绍】

去旅行吧，去看看北边漠河的极光，那些奇异缤纷的色彩描绘的是宇宙的浩瀚神秘；去乌镇看小桥流水人家，那里临江的粉墙黛瓦诉说的是传统建筑之美；去看黄山的迎客松，那里的悬崖峭壁展示的是大自然的鬼斧神工。

【如何开阔眼界】

要么行万里路，要么读万卷书，身体和灵魂总有一个要在路上。在旅行的过程中，我们可以暂时离开熟悉的环境，去探索一个未知的地带。在未知中，我们能够打破偏见和固有的思维，拥抱崭新的世界，收获全新的视角。当你走过很多地方之后，你会发现，同住在地球村的人类有着不同的风俗习惯、生活方式、语言、衣着打扮，以及同中有异的灵魂。

旅行能帮助我们通过观察别人的生活认识自己、走进自己、完善自己。父母可以让孩子自己安排一次旅行，利用一个长假去他向往的地方，追逐他心中的理想和浪漫。

虽然现实和理想往往不会完全重合，但是亲身的探索和求证胜过任何说教。只有看过、听过、亲历过才能得出自己的结论。

15 让孩子邀请朋友来家里做客

【活动介绍】

周末的时候可以让孩子邀请自己的朋友来家里做客，让他们更加了解彼此，增进友谊。

【如何开阔眼界】

父母可以教孩子，当朋友来家里做客的时候，可以做一些力所能及的事情去招待自己的好朋友。比如将自己爱吃的零食或者玩具分享给朋友，为朋友倒一杯水或者切一盘水果，等等。不吝啬分享和关心，友谊才会更加深厚。

友情和亲情的意义是不同的，交友对孩子来说并不是一项能力，而是真诚且自然地相遇，是契合的两个人互诉衷肠。

父母应该支持孩子的友谊，孩子的成长不能缺少朋友的陪伴。让孩子时常邀请朋友来家里做客，可以帮助孩子加深友谊，珍惜友谊。

朋友是孤独时的一个暖心的陪伴，是迷惘时的一盏指路明灯，是失落时的一剂治愈良方。或许朋友的意义也没有这么复杂和深奥，朋友存在的意义就是高兴时有人陪你欢歌，低落时有人给你安慰。

给孩子一些零花钱，让他自己支配

【活动介绍】

定期给孩子一些零花钱，让他们去购买一些自己需要的东西，学会支配金钱。

【如何开阔眼界】

很多父母觉得不应该过早让孩子接触金钱，因为怕他们乱花钱，所以总是替孩子置办好需要用的东西。其实适当给一些零花钱让孩子自己支配，能帮助他们培养自主支配金钱的能力。

家长可以定期给孩子一些零花钱让他们自己支配，这样有利于培养孩子的金钱意识。在消费时，因为零花钱是有限的，孩子会开始衡量哪些东西应该买，哪些东西尽量不买，这样可以培养孩子的理财意识。让孩子自由支配零花钱也有利于培养孩子的自主性，而不是一直凡事听从父母，缺乏自己的主见。

货币是商品流通的一种媒介，我们通过手里的货币购买来自世界各地的商品。在使用货币的过程中，我们能感受到购物的快乐，但是也要将消费控制在合理的范围内，否则可能导致入不敷出。

17 让孩子去超市采购商品

【活动介绍】

罗列一个购物清单，让孩子拿着购物清单去超市完成采购任务。

【如何开阔眼界】

商品交换起源于原始社会后期的物物交换；随着社会分工和商品生产的发展，以货币为媒介的商品交换逐渐替代了物物交换；再后来，随着经济的快速发展，商品流通日渐发达、成熟。商业的高速发展极大地便利了我们的生活，我们可以在附近的商店便捷地采购所需的物资，消费行为也已经和我们的生活密不可分了。

孩子在采购的过程中需要找到对应的商品，这考验的是孩子的判断能力。找不到商品，孩子就需要向超市的其他人寻求帮助，这能锻炼孩子与人交往的能力。如果商品卖完了，孩子就要买相似的商品来代替，这可以锻炼孩子随机应变的能力。

一个看似简单的商品采购的过程，其实能够锻炼孩子的许多能力，所以家长千万不要错过类似的机会，应该利用看似不起眼的小事锻炼孩子的生活能力。

让孩子记录家里一周的花销 18

让孩子扮演一次家庭的小会计,记录家里一周的花销。这样可以让孩子更加了解家庭的每一笔支出,知道钱都花在了哪里。首先准备一个小本子,每一次消费都让孩子将消费的金额和消费的项目记录在本子上。等到一周结束之后,让孩子将这一周的支出汇总出来,做一个简单的总结。

【如何开阔眼界】

家长让孩子记录家庭开支,可以帮助孩子从小养成节俭的消费意识和正确的金钱观,培养孩子的理财能力;还可以让孩子参与到家庭事务当中,培养孩子对家庭的责任感和归属感;同时有助于培养孩子的成就感与自信心。

让孩子扮演"小会计"的意义不仅仅在于教孩子如何省钱,更重要的是教给孩子一种经济思维。卢森堡曾说过:"会计是经济活动的基石,是企业的晴雨表。"对企业而言,会计用数字紧密跟踪企业的经济活动和财务状况,帮助企业更好地做出决策。对家庭而言,会计则记录家里的每一笔收入和支出,帮助家庭成员更加客观、清晰、及时地了解家庭财务状况,从而更加理性地消费。

每一笔小小的支出积累起来都不容小觑。清楚每一笔消费的来源,有利于我们做好支出规划,削减一些不必要的开销,避免浪费。

19 和孩子开一次家庭会议

【活动介绍】

和孩子开一次平等、欢快的家庭会议吧！在这个家庭会议里，孩子可以和家长促膝长谈，交换想法和意见，消除家人之间的分歧和误会。

家庭会议的形式可以模仿正式会议，先确定会议主题，每个人针对会议主题写出自己的会议大纲，以及自己在会议上要探讨的问题。当然会议的过程是轻松愉悦的，父母和孩子都可以畅所欲言。

【如何开阔眼界】

家庭会议是父母和孩子的深度对话，通过对话，父母和孩子可以集中解决双方存在的分歧和矛盾，有利于维护和谐的亲子关系和孩子的心理健康。

家庭会议是家庭成员的问题汇总。平时家庭成员都在忙着各自的事情，一些得不到很好解决的小问题会慢慢积攒。如果定期开展一次家庭会议，大家就可以将问题一一罗列出来，及时解决矛盾，有利于家庭的和睦，维护家庭关系。

陪孩子一起制作一个水果千层蛋糕

【活动介绍】

父母可以和孩子在节假日一起制作一个水果千层蛋糕。水果千层蛋糕的制作对设备的要求不高，而且十分美味可口，是一个很适合亲子共同度过空闲时间的娱乐项目。

【如何开阔眼界】

制作水果千层蛋糕的过程十分考验孩子的动手能力和创新能力，孩子在自己动手制作水果千层的过程中可以尽情发挥自己的创意，释放内心的压力，在实践中找到生活的乐趣和成就感。

制作水果千层蛋糕的过程并不复杂，但是可以锻炼孩子的发散思维和实践能力，让孩子感受到劳动的乐趣，是一个非常不错的休闲活动。

21 和孩子一起看家人的相册

【活动介绍】

在无事的时候，父母可以把家庭相册翻出来，和孩子一起浏览老照片，回忆曾经的美好。

【如何开阔眼界】

"我们在家庭照片和相册中创造并且表演我们的身份，在其中构建、塑造以及保护我们的记忆。"家庭影像满载沉甸甸的亲情，对家庭成员来说，具有无可替代的情感价值。将或诗意或生趣、或难忘或尴尬的岁月印记插入一本本家庭相册，日常便被记录下来，成为历史。

相册记录着我们的过去，也许是襁褓里的哭闹，也许是一次精彩的元旦晚会的献歌，也许是有人为了一根冰棍正在生闷气。这些照片承载着我们的回忆，记录着我们的生活，令我们想起我们从何而来，从而更加坚定自己未来的方向。

父母和孩子一起欣赏家人的相册可以帮助孩子想起过去，增进对家人的了解和关心，是一种能拉近亲子关系的活动。

相册记录着生活的点点滴滴，当我们再度翻开相册，去回首过往的事情，其中的喜、怒、哀、乐都会变成一首奇妙绚烂的诗。

和孩子交换一个秘密　22

【活动介绍】

您还沉浸在"棍棒底下出孝子"的教育理念中吗？其实有效的沟通可以让教育更加轻松。试着和孩子交换一个秘密，拉近彼此的距离，此刻你不再是居高临下的大家长，而是和孩子促膝长谈的好朋友。

【如何开阔眼界】

家长想拉近与孩子的距离，进一步了解孩子，可以采用和孩子交换秘密的方式来和孩子沟通。

家长可以先说出自己的一个小秘密，让孩子放下心里的戒备，畅所欲言。孩子的心理还未成熟，因此面对很多问题时还没有独立处理的能力。用自己的秘密套出孩子心里的小秘密，帮助孩子及时解决一些问题和困惑，不让负面的情绪和问题积压在心里，有利于孩子的身心健康。

总是对孩子发号施令，这样只会让孩子越来越恐惧和父母交流，更愿意将自己的心事藏在肚子里，不愿意和家长分享。用交换秘密的方式和孩子沟通，这无疑是将自己和孩子放在平等的位置上交流，孩子会更愿意说出埋藏在心底的事。

23　陪孩子一起完成一幅简单的水彩画

【活动介绍】

每一个孩子都对艺术有着自己独特的见解，父母可以在一个假期和孩子拿起画笔，在一张白纸上完成一幅简单的水彩画。

【如何开阔眼界】

绘画培养的是孩子对色彩与图案的感知能力，有利于孩子的智力发展。当孩子们用画笔任意创作时，他们的想象力也跃然纸上，让他们制作出世界上独一无二的画作。

孩子的思想是开放的、自由的，他们拥有丰富的想象力，创作时的想法天马行空、不受拘束。这种想象力不应该被质疑，而应该肆意地呈现在纸上。

对画画零基础的孩子来说，手指水彩画是最容易入门，也是最容易玩出新意的选择。家长可以鼓励孩子发挥想象力，用手指代替画笔，蘸些颜料，印出缤纷的点、线、面。例如，用手指蘸取绿色水彩颜料，便可以给红花配上绿叶；用手指蘸黄色，便能在河中点出一排可爱的黄色小鸭；还可以画出一大捧五颜六色的气球……

睡前和孩子一起读一个童话故事 24

【活动介绍】

和孩子一起读一个睡前故事。在宁静的夜晚选择一本好书，让父母和孩子一起走进一个奇妙而深奥的世界。父母可以通过这种方式让孩子感受到家庭的温馨。孩子将这种温馨带入睡梦中，连梦都会变得香甜了吧！

【如何开阔眼界】

父母在白天的时候忙于工作，容易忽视对孩子的关心。趁着夜幕降临，四下寂静的时候，在孩子入睡之前给他读一个小故事吧，让故事里的人物引起他的共情和思考，并带着这份甜蜜的陪伴入睡。

父母的陪伴和理解是孩子成长过程中最好的良方，不要忽视每一次和孩子沟通的机会，每一次沟通的效果都会反映在他日后的性格和为人处世当中，潜移默化地影响他的成长。

25 雨后和孩子一起踩水

【活动介绍】

父母可以在雨后给孩子穿上雨鞋，带着孩子去踩路边的积水。试想一下，一场倾盆大雨过后，路上坑坑洼洼的小土坑里蓄满了雨水，这时候穿着雨鞋肆意地踩水一定很自由。

【如何开阔眼界】

当雨鞋重重踏进水洼里时，雨水被溅得到处飞扬，小水珠仿佛在欢快地舞蹈。孩子们一边呼吸着雨后清新的空气，一边感受雨水飞溅带来的欢乐，这时他们热爱自由的天性也得到了释放。

只要心态好，每一种天气都可以令人愉悦，不一定只有天晴的时候才能收获明朗的心情，下雨天我们也可以找到别样的浪漫。就如同人生，即使处于风雨中，也可以苦中作乐。

第三章
文艺篇

在文化活动中
培养性格

1 带孩子去文化馆，让他扮演导游的角色

【活动介绍】

让孩子扮演导游的角色，带父母去文化馆逛逛。

【如何开阔眼界】

家长们，你们知道吗？孩子的独立意识可能萌发得比我们想象中要早！这些独立意识主要体现在他们想为自己的事情做决定，想要展示自我和不断完善自我，所以家长可以提供一个让孩子展示自我的机会，比如让孩子扮演导游，为大人讲解文化馆的一些项目。这就是在为孩子创造一个自我学习、自我表现的机会。

孩子们往往希望在家长面前表现出自己最好的一面，这会让他们产生一种主动学习的自驱力。比如为了扮演好导游的角色，他必须先去了解并熟悉文化馆的各种项目，了解每个项目分别有什么内容和特色，这样他才能流利地为别人讲解。这个过程能够调动孩子的思考和自学能力，并帮助孩子养成在人群面前不怯场，流利演说的能力。

孩子在游刃有余地扮演导游的角色之前或许会出现意外状况，家长也不要为此批评孩子，而要多给孩子一些耐心和陪伴，这样孩子才会表现得越来越好。

陪孩子一起看完一本绘本 ②

【活动介绍】

绘本是指通过绘画的方式叙述故事，并在旁边附有少量文字的书籍，是国际公认的最适合幼儿阅读的图书。父母可以找一个空闲的时间，和孩子一起翻开一本绘本，感受阅读带来的纯粹的美好。

【如何开阔眼界】

绘本里有很多有趣的故事，这些生动的故事可以帮助孩子开发智力，学会一些为人处世的道理。

孩子还处在智力开发的阶段，绘本中的故事图文结合，内容简单明了，更加易于被孩子接受。中外优秀儿童绘本不断问世，绘本作者通过生动、贴切的图画和简单易懂的文字，讲述了一个个有趣且富含道理的故事，极大地丰富了孩子的见识。和孩子共同阅读绘本，不仅能让孩子学到很多有用的知识，还可以拉近亲子关系，可谓一举两得。

在电子产品盛行的今天，我们静坐读书的时间越来越少了。我们应该暂时屏蔽喧嚣的生活，专注于一本书里的故事，让心灵在书本中得到滋养。

3 陪孩子共同完成一首诗歌创作

【活动介绍】

你们爱读诗吗？诗歌的意境深远，词语婉转瑰丽，诗句精悍凝练，富含哲理，展示了文化之美。试着和孩子共同完成一首诗歌，在这场酣畅淋漓的文字游戏里感受诗歌之美。

【如何开阔眼界】

孩子对文字有自己的理解，他们创作出来的诗歌也一定具有鲜明的个性，有些孩子的诗歌朴实通俗，有些生动有趣，有些充满奇思妙想。诗歌创作是一次灵魂的对话，家长可以和孩子共同完成一首诗歌，之后一起朗诵，陶冶情操，增进亲子关系。

诗词里承载着古人对文字之美的不懈追求，如"字字看来皆血泪，十年辛苦不寻常"的曹雪芹，"二句三年得，一吟双泪流"的贾岛，"为人性僻耽佳句，语不惊人死不休"的杜甫……诗人们在遣词造句上不断磨炼，只为创作出惊羡世人的诗句。

"不积跬步，无以至千里；不积小流，无以成江海。"写作能力的培养也是如此，只有在点滴的积累中才能收获质变。而培养孩子写作能力最好的方法就是激发孩子的写作兴趣，让孩子自发自觉地动笔，然后越写文笔越好，越写灵感越多。

和孩子一起声情并茂地朗诵一段文字

【活动介绍】

和孩子一起富有感情地朗诵一段文字，让孩子沉下心来感受文字之美。

【如何开阔眼界】

曾有人说过这么一句话："读史使人明智，读诗使人灵秀，数学使人周密，哲学使人深刻，伦理学使人庄重，逻辑与修辞使人善辩。"文字凝结了人类社会发展过程中的无数智慧。将一段优美、富有哲理的文字朗诵出来，可以帮助孩子们加深记忆，同时还能锻炼孩子的自信和胆量，让孩子在充满激情的朗诵中表达自我，展示自我。

如果孩子在一开始朗诵时找不到感觉，家长可以和孩子一起朗诵，帮助孩子找到朗诵的节奏。为掷地有声的朗诵配上悠扬的乐曲，孩子一定能通过这种方式感受到朗诵的乐趣。

陪孩子演绎一段书中的场景

【活动介绍】

一起感受家庭小剧场的魅力吧！在演绎的过程中领悟人生哲理。

【如何开阔眼界】

书中的人物都有着自己的喜、怒、哀、乐，如果觉得阅读的过程过于枯燥，那么就亲自将书中的故事演绎出来。在演绎的过程中，我们可以更好地和人物共情，理解书中的内容。

表演的魅力在于能将文字具象化。父母和孩子一起走进书中的世界，扮演书中的人物，将故事演绎出来，或许会解锁孩子的表演天赋呢！

将一段文字内容试着用画表现出来

【活动介绍】

在阅读时，试着将书中的一段文字描写画出来，图画有时候比文字更加直观，便于理解。

【如何开阔眼界】

父母可以让孩子把自己看到的文字内容用灵巧的小手和画笔画出来，绘画创作可以帮助孩子更好地理解文字内容，还能开发孩子的联想能力和创新能力。这种方法能将文字和绘画神奇地结合起来，从两方面去塑造孩子的审美，挖掘孩子的潜力。

毕加索曾说过："每个孩子心里都住着一位艺术家。"将文字内容以绘画的形式表现出来，也许孩子就是那个等待被发掘的艺术家。

绘画和阅读相结合，对孩子是一种很好的启蒙教育。孩子可以通过绘画这种视觉语言展示自己对文字的独特见解，表达自己的内心世界，用色彩、线条、图案等元素创造出独一无二的艺术作品，并潜移默化地加深对世界的认识。

陪孩子一起看纪录片，和他交换想法

【活动介绍】

孩子不爱学习？觉得读书太枯燥？家长不如和孩子一起看几部有趣又富含哲理的纪录片吧！

【如何开阔眼界】

纪录片往往采用实景拍摄的方式制作而成，其中蕴含着人类社会乃至宇宙的许多知识和道理。如果想让孩子学习实用的技能，可以让孩子观看实践类纪录片；如果想让孩子学会为人处世，可以让孩子看人文类纪录片；如果想让孩子增长对自然的认识，可以让孩子看自然类纪录片。

不论看哪一种纪录片，都能锻炼孩子沉下心思考的能力，让孩子学到一些东西。

附：经典影视推荐

语文类

字有道理

时长： 1 分钟 / 集，一共 81 集。

简介： 基于汉字思维，该系列动画从字的起源、造字的原理教孩子识字，了解汉字文化。

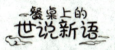

餐桌上的世说新语

时长： 2~3 分钟 / 集，一共 12 集。

简介： 用可爱的动画带你领略魏晋时期的美食文化，引起孩子对古代文化的兴趣。

千古风流人物

时长： 16~47 分钟 / 集，一共 2 季。

简介： 这部纪录片讲了许多古代历史名人的故事和发生在他们身上的重要历史事件。

中国古诗词动漫

时长： 9~10 分钟 / 集，一共 6 集。

简介： 该动画通过精美的画面，帮助孩子们更好地欣赏和理解中国古典诗词。

中华名人故事

时长： 15 分钟 / 集，一共 40 集。

简介： 该动画通过机器人小志的引领，讲述古代国学经典故事。

苏东坡

时长： 30 分钟 / 集，一共 6 集。

简介： 全片从文学、艺术、美食、情感等多个方面解读苏东坡。

探秘中华 56 个民族

时长： 6 分钟 / 集，一共 57 集。

简介： 该片全面介绍了中国 56 个民族的风土人情和历史文化。

古诗词水墨动画

时长： 1~2 分钟 / 集，一共 42 集。

简介： 该水墨动画片展现了古诗词的意境，带领大家感受诗词之美。

论语里的大智慧

时长： 6~10 分钟 / 集，一共 50 集。

简介： 该片通过有趣的动画讲述了《论语》中的智慧。

数学类

 **数学家趣味故事会**

时长：9~10 分钟 / 集，一共 10 集。

简介：该片以动画的形式带领孩子了解十位数学家的趣味故事，培养数学思维。

 **新星：数学大谜思**

时长：54 分钟 / 集，一共 1 集。

简介：这部纪录片从数学极富趣味的细节切入，向观众展现最有趣的数学。

 **数学的故事**

时长：50 分钟 / 集，一共 4 集。

简介：该纪录片用生动的事例讲述了数学的起源，让抽象的概念变得生动有趣。

 **维度：数学漫步**

时长：15 分钟 / 集，一共 9 集。

简介：该片讲述了许多深奥的数学知识，足以让爱数学的孩子过一把烧脑的瘾。

 **华罗庚**

时长：36 分钟 / 集，一共 8 集。

简介：本片介绍了华罗庚的生平和他的数学成就。

地平线系列：一根绳子有多长?

时长： 58 分钟 / 集，一共 1 集。

简介： 这部纪录片展现了不少有趣的知识，有利于激发孩子对数学的兴趣。

概率知多少

时长： 43 分钟 / 集，一共 10 集。

简介： 该科学节目在幽默的主持人所做的科学实验中为小朋友们拓展数学知识。

托起人类文明的数学

时长： 36~47 分钟 / 集，一共 10 集。

简介： 在这部纪录片中，我们可以看到数学在历史文化中发挥的重要作用。

魔力数字：数学的奇妙世界

时长： 58 分钟 / 集，一共 3 集。

简介： 该片讲述了数字的神奇之处和人们如何利用数字来改变世界。

英语类

Hello Carrie

时长：2 分钟 / 集，一共 88 集。

简介：自然拼读真人教学动画片，节奏感强，非常方便记忆。

用英语说中国

时长：45 分钟 / 集，一共 10 集。

简介：该片用英语介绍了中国 23 个大城市，包括它们的历史、景点、美食。

英语发展史

时长：50 分钟 / 集，一共 8 集。

简介：该片用英语讲述了英语的发展史，是全面了解英语这门语言的纪录片。

话说中国节

时长：4 分钟 / 集，一共 13 集。

简介：本片用英语讲述了中国各个传统节日，包括其由来、风俗等。

奇趣宇宙

时长：22~25 分钟 / 集，一共 13 集。

简介：该片用英语探讨了细菌、情绪、社交媒体等话题，解释了生活中的各种科学现象。

Kurzgesagt

时长：1~26分钟/集，一共149集。

简介：英文版十万个为什么，用英文解释生活中的一些小知识。

俯瞰美国

时长：43分钟/集，一共10集。

简介：该系列片用英语讲述了从空中所看到的北美大陆的华丽风光。

你好，中国

时长：10分钟/集，一共97集。

简介：该系列视频用英语介绍了中国传统文化和相关的历史故事。

Awesome Animals

时长：25分钟/集，一共9集。

简介：针对小朋友推出的系列纪录片，介绍了自然界里许多有趣的动物。

万象中国

时长：5分钟/集，一共20集。

简介：该片用英语来讲述中国文化和中华民族对美好生活的追求。

历史类

圆明园

时长：30 分钟 / 集，一共 3 集。

简介：该纪录片对圆明园毁灭始末进行了介绍，讲述了圆明园的繁荣与悲剧。

故宫 100

时长：6 分钟 / 集，一共 100 集。

简介：该片讲述了 100 个有关故宫的故事，以独特的角度带观众深入了解故宫之美。

我们，从延安走来

时长：40~45 分钟 / 集，一共 3 集。

简介：该片回顾了中国共产党在延安的革命历史，深入解读了延安精神。

人类简史

时长：10 分钟 / 集，一共 14 集。

简介：这是一部给孩子讲人类简史的动画短片。

典籍里的中国

时长：1 小时 30 分钟 / 集，一共 2 季。

简介：讲述典籍在五千年历史长河中的源起、流转，讲解了书中的闪亮故事。

敢教日月换新天

时长：30 分钟 / 集，一共 24 集。

简介：该故事再现了长征的征程，展现了长征路的艰苦，让孩子学习长征精神。

黄帝

时长：25 分钟 / 集，一共 6 集。

简介：本片探寻了以"黄帝"为代表的先祖们开创文明的故事。

河西走廊

时长：50 分钟 / 集，一共 10 集。

简介：河西走廊，一段通往文明的道路，一部波澜壮阔的史诗。

国家宝藏

时长：1 小时 40 分钟 / 集，一共 3 季。

简介：本片展现了中国文物保护方面的重要成果和取得的光辉成就。

科学类

你最想知道的科学

时长：22 分钟 / 集，一共 88 集。

简介：本片展示了许多你想知道的科学问题的答案。

比克曼科学世界

时长：30 分钟 / 集，一共 3 季。

简介：本片以互动的形式，让孩子在学习科学知识的过程中有参与感。

小小科学探索家

时长：4 分钟 / 集，一共 26 集。

简介：本片通过主人公与各种动物的互动，来探索地球乃至宇宙的各种物理知识。

典故里的科学

时长：26 分钟 / 集，一共 5 集。

简介：本片对历史上流传广泛乃至众所周知的典故进行分析解读。

奇妙的世界

时长：3 分钟 / 集，一共 120 集。

简介：本片讲述生活中的科学常识，是一部很好的科学启蒙动画。

平博士密码

时长： 13 分钟／集，一共 52 集。

简介： 该动画片给小朋友们讲解了获得诺贝尔奖的各类科学发现。

大科学实验

时长： 10 分钟／集，一共 40 集。

简介： 该系列节目通过实验的方式，对各种自然和科学现象进行验证。

生物类

 **如果我是一只动物**

时长：5~6 分钟 / 集，一共 52 集。

简介：本片介绍了动物的外形特征、生活习性和成长故事等，让孩子对动物形成初步的认识。

 **蚂蚁星球**

时长：50 分钟 / 集，一共 1 集。

简介：本纪录片介绍蚁后、工蚁和兵蚁的分工和习性，带孩子一窥蚁巢王国！

 **生命故事**

时长：50 分钟 / 集，一共 6 集。

简介：本纪录片主要讲述了大自然的故事，让孩子全方位地认知动物世界。

 **种出个地球**

时长：50 分钟 / 集，一共 3 集。

简介：该片记录了植物的起源及生命的机制。

 **蓝色星球**

时长：52 分钟 / 集，一共 2 集。

简介：该电视纪录片介绍了海洋的历史，对海洋进行了深入的探索和报道。

可爱的小崽子们

时长：40~45分钟/集，一共6集。

简介：该纪录片讲述了新生动物生命中最重要的几个月，记录了它们经历各种考验后最终胜利的过程。

微观世界

时长：25分钟/集，一共8集。

简介：本片记录了地球上体型微小的生物，带领小朋友们领略这些微小生物的世界。

植物王国

时长：54分钟/集，一共4集。

简介：本片运用3D摄影技术，向人们展示肉眼看不到的微观世界。

生命

时长：45分钟/集，一共10集。

简介：本片用镜头展现了缤纷多彩的地球生命，帮孩子们拓展课外自然知识。

影响世界的中国植物

时长：50分钟/集，一共10集。

简介：该片讲述了中国21科28种植物影响世界的故事。

化学类

门捷列夫很忙

时长：25 分钟 / 集，一共 5 集。

简介：讲述了门捷列夫和化学的有趣故事。

现代炼金术士

时长：59 分钟 / 集，一共 3 集。

简介：该片用有趣的表演和各种魔性的实验，为观众普及化学知识。

化学史

时长：19~20 分钟 / 集，一共 9 集。

简介：炼丹师、炼金术师为什么后来会变成现代化学家？这部纪录片能告诉你答案。

淘气化学

时长：8~9 分钟 / 集，一共 25 集。

简介：该片以动画的形式为孩子们解释化学现象，成为孩子的化学启蒙。

美丽化学

时长：1~2 分钟 / 集，一共 24 集。

简介：本片让孩子直观地看到化学反应的过程。

我们需要化学

时长：15 分钟 / 集，一共 6 集。

简介：本片为大家展示了化学是如何影响我们现在的生活的，拉近了化学与生活的距离。

堂豆学化学

时长：1~5 分钟 / 集，一共 91 集。

简介：该片会带着零基础的孩子一步一步吃透化学这门学科。

你应该知道的化学常识

时长：3~5 分钟 / 集，一共 36 集。

简介：该片把生活中的化学现象清晰地展现出来，让孩子们感受到化学的魅力。

物质之谜：寻找元素

时长：1 小时 54 分钟 / 集，一共 1 集。

简介：该片以元素周期表的发明为线索，讲述了先辈在化学领域取得的进展。

物理类

毕达哥拉斯装置

时长：5 分钟 / 集，一共 11 集。

简介：本节目注重激发孩子的灵感，打通孩子的思维，让孩子从不同的角度思考问题。

与霍金一起探索宇宙

时长：2 小时 53 分钟 / 集，一共 1 集。

简介：本片讲述了外星人、时空旅行和宇宙起源的故事，可以激发孩子的好奇心。

奇妙动画实验课

时长：8~15 分钟 / 集，一共 19 集。

简介：本片通过小动画的形式来讲述科学实验和科学知识。

TEXICO

时长：10 分钟 / 集，一共 10 集。

简介：这部纪录片从生活中常见的例子出发，让孩子感受到科学思维的趣味。

我的牛顿教练

时长：25 分钟 / 集，一共 6 集。

简介：本片以牛顿为主要人物，为小朋友讲解人体运动中的物理原理。

电的故事

时长： 49 分钟 / 集，一共 3 集。

简介： 该纪录片为孩子们详细地介绍了"电"的知识。

万物运转的秘密

时长： 13 分钟 / 集，一共 20 集。

简介： 该动画片揭示了万物运转的秘密，并用生动有趣的方式将其呈现出来。

制造的原理

时长： 22 分钟 / 集，一共 43 集。

简介： 这套节目极富娱乐性和知识性，全面地展示了制造业的魅力。

你好，AI

时长： 20 分钟 / 集，一共 5 集。

简介： 该片讲述人工智能在不同应用领域中对人类生活的帮助与影响。

每天记录一件难忘的事

【活动介绍】

父母可以让孩子每天坚持记录一件难忘的事情，围绕着这件事情写下自己的感受，比如伤心或者愉悦，然后再深入分析一下这件事为什么会给自己带来这样的感受。

【如何开阔眼界】

时间如同白驹过隙一般飞逝，往事如烟，忙碌的生活更加快了我们的遗忘，而写日记能帮助我们记住过去，记住自己来时的路。

一天之内发生的事情大多普通且琐碎，完全没有必要将所有的事情记录下来。为了节省时间和精力，家长可以让孩子只将每天最难忘的一件事情记录下来，这样既能够激发孩子记录生活的兴趣，又可以让孩子某天翻开日记回顾当时的喜怒哀乐，复盘当年走过的路，对未来有些许新的启发。这样一来，写日记就不是简单地记录生活，而是通过一件件小事去认识自己、反思自己。

生命的意义不在于长度而在于宽度，每一件难忘的事情都增加了我们人生的宽度，照亮我们前行的路。

9 点评孩子写的文章，并提出修改意见

【活动介绍】

点评就是大家围绕特定的人、事、物公开讨论，发表意见。交流意见，可以帮助参与者拓展思维、推动思想的进步。

父母可以在孩子写完一篇文章之后仔细阅读，并给出中肯的点评。需要注意的是，这项活动不应是父母单方面发表评论、意见，它是自由平等的亲子交流，孩子也可以针对父母给出的意见发表自己的看法。父母还要记住，点评时切忌一味否定或者批评孩子，它是思想交流、意见交换，对孩子应以鼓励为主。

【如何开阔眼界】

孩子们做一件事情的时候，总是希望得到反馈，积极的反馈可以帮助孩子提高信心，增强执行力，下一次做这件事情，孩子就会更有动力。当孩子认真仔细地写完一篇文章的时候，家长可以给出中肯的评价，指出孩子的文章中有哪些写得好的地方，哪些地方还需要完善。孩子得到家长的积极反馈之后，会树立起对自己的信心，同时能激发更多的潜能。

曾有这么一句话："反馈有时能带来惊人的改变。"我们在反馈中得到鼓励，同时反思自己，进而不断变好。

带孩子去图书馆随机选一本书看

【活动介绍】

没事的时候，父母可以带着孩子去图书馆逛逛，如果图书馆的茫茫书海让孩子难以抉择，那就随机选一本书看吧！

【如何开阔眼界】

图书馆是知识的海洋，其中陈列的书籍囊括了人类在各个领域智慧的结晶。走进浩瀚的书籍海洋，寻找一本可以让灵魂沉静下来的书，和里面杰出的思想家对话，一定能让孩子受益匪浅。

"书山有路勤为径，学海无涯苦作舟"，家长可以在周末带着孩子穿梭在图书馆的书海里，按照书籍的分类找到孩子们喜欢看的书。如果不知道看什么好，那就随手抽出一本去看吧！

开卷有益，不论打开哪一本书，你都要准备好接受认知上的跃升、精神上的洗礼。

11 和孩子一起学唱一首歌

【活动介绍】

音乐有治愈人心的力量，在闲来无事的时候和孩子一起学唱一首歌曲吧，让歌曲优美的旋律抚慰疲惫的心。

【如何开阔眼界】

音乐是一串有规律的音符，相比于其他声音，它能起到缓解压力、调节情绪的作用。父母和孩子共同学会一首歌不仅能提升孩子的审美水平，陶冶情操，还能增进亲子关系，让孩子感受亲情的温馨。

罗曼·罗兰曾经说过："音乐本来不是什么高深莫测的东西，它的本质来自真的自然与真的生命。"和孩子一起学会一首歌，在音乐中感悟自然与本真。

举办一场家庭演唱会

【活动介绍】

利用一个周末的下午，在家里开一场演唱会吧！

【如何开阔眼界】

演唱会不一定要在盛大的舞台上举办，在家里的客厅、学校的操场，甚至是公园的湖边，我们都可以举办一场酣畅淋漓的个人演唱会。在一个悠闲的午后举办一场家庭演唱会吧！家庭演唱会可以调动孩子的情绪，锻炼孩子的胆量和自信，是让孩子展示自我的一次机会。

家庭演唱会也许没有高级的设备，没有人山人海的听众，但我们可以只为彼此歌唱，在欢快的节奏中寻找生活本味。

13 带孩子去大学参观

【活动介绍】

"大学之大不在于有大楼，而在于有大师。"大学里会集了各学术领域的学者大师，是智慧交流的殿堂。在空闲的时候，父母可以带孩子去大学里看看，让学术氛围感染孩子。

【如何开阔眼界】

父母可以在孩子小时候带着他们去大学看看，这有利于他们从小建立对知识的渴望和对学术造诣的追求，让他们思考要成为什么样的人。

漫步在大学中，让孩子感受青年学子的朝气蓬勃。他们激昂热情，个性鲜明，爱知识但不迷信知识，守规则但不盲从规则，他们拥有真知灼见，不故步自封。

给孩子讲一个著名的历史故事

【活动介绍】

家长在空闲的时候可以多给孩子讲一些历史故事，带他们走进历史，了解一些历史故事中蕴含的深刻哲理。

中华上下五千年的磅礴历史中沉淀了数不胜数的经典故事和传奇人物。高山流水诉说着千年难遇的知己之情；昭君出塞弘扬着深宫妃子的民族大义；负荆请罪彰显着为了家国利益冰释私怨的宽容和格局……那些在滚滚的历史长河中经过一番大浪淘洗仍光辉不减的英雄豪杰，不仅点亮了他们的时代，也照耀着未来无数个时代。

【如何开阔眼界】

"以史为镜可以知兴替，以人为镜可以知得失。"历史上的朝代更迭、命运起伏总是能让我们学会许多道理，开阔我们的眼界和心胸，让我们站在更高的维度去审视一些问题，在沉淀中学会包容，在阅历中收获释然。

家长可以在空闲的时候为孩子讲解一些简单的历史故事，这些历史故事中蕴含的丰富哲理可以教会孩子如何为人处世，教会他们认清人生中的陷阱。

过去的已然成为历史，我们要成为滚滚历史长河中的舵手，在历史中学习一些道理来指导我们现在甚至是未来的生活。

15 举办一场家庭辩论赛，培养孩子的辩证思维

【活动介绍】

辩论赛是思维层面的竞赛，辩论双方会围绕一个议题提出两种不同的观点，并用各种论据去证明自己的观点。父母在空闲的时候可以和孩子一起办一场家庭辩论赛，通过这种方式锻炼孩子的思维能力和表达能力。

【如何开阔眼界】

辩论赛可以锻炼人的逻辑思维能力、表达能力、联想能力和创新能力等。对一个问题展开辩论的时候，我们会加深对这个问题的思考。辩论也许没有输赢，但是我们能掌握从不同的角度思考问题的能力，拓展自己的思维。

在辩论的过程中，我们不断接近真理，突破偏见。家庭辩论赛可以为孩子提供一个表达自我的平台，帮助孩子从多个角度思考问题，打破脑海中的固有偏见，感受辩论的乐趣。

曾有这么一句话："辩论可以帮助我们明是非，察名实，处利害，决嫌疑。"辩论是一种交流思想的方式，可以帮助孩子拓展思维，打破偏见。

带孩子去博物馆增长见识，感受世界的多姿多彩

【活动介绍】

父母可以选择在周末的时候，带着家里的孩子去博物馆接受一场别样的文化洗礼，增长见识，开阔眼界。

【如何开阔眼界】

博物馆里面陈列着许多我们平时看不到的东西，不同类型的博物馆也能够让人学到不同的知识。可以说，几乎所有的博物馆都能起到开阔眼界、增长见识的作用。

去博物馆参观不仅趣味十足，而且还能让孩子学到知识。一件件令人眼花缭乱的展品诉说的是自然的奥秘和人类探索自然的丰功伟绩，这些凝结了无数人类智慧的展品无时无刻不在震撼着心灵，在孩子心中种下一粒小小的梦想的种子，希望未来能走到人类智慧的前沿，在某个领域为人类社会做出自己的贡献。

曾有这么一句话："博物馆是人类文化遗产的守护者。"博物馆是人类文明的宝库，多逛博物馆对孩子增长见识有很大的帮助。

17 陪孩子去海洋馆，让孩子尝试说出那些海洋生物的名字

【活动介绍】

家长在假期的时候可以带着孩子去海洋馆看看，让他们尝试说出一些海洋生物的名字。

【如何开阔眼界】

孩子在海洋馆里能看到许多海洋生物，如活泼机敏的海豚、五彩斑斓的海星、长着尖尖的牙齿的大白鲨、可爱慵懒的海狮、懒洋洋的海龟、缤纷绚丽的海螺等，数不胜数。

家长可以让孩子尝试说出这些海洋生物的名字，拓展对海洋生物的认识。到了海洋馆，

孩子会发现这些海洋生物不再停留在照片里，而是可以亲身近距离观察。这能让孩子感受真实的海洋动物的神奇与活力，同时也对自然环境的保护有了新的认识，这将成为他人生中一次非常有意义的经历。

海洋生物多种多样，它们有不同的生活习性和外貌特征，仔细观察这些可爱的海洋生物，孩子们或许可以解锁一个不一样的世界。

和孩子玩成语接龙

【活动介绍】

　　在闲来无事的时候，家长可以和孩子玩成语接龙。家长先说出一个成语，然后以家长说出的成语的最后一个字作为下一个成语开头，让孩子紧接着说出下一个成语。如此首尾相连，不断接下去，这便是成语接龙这个游戏的过程。

【如何开阔眼界】

　　成语中凝结了博大精深的中华文化。中华上下五千年的历史中诞生了无数成语。成语接龙能增加孩子的成语积累，陶冶情操。玩这样的游戏不仅能考查孩子的成语积累情况，而且能锻炼孩子随机应变的能力，是一个十分有趣的益智游戏。

　　成语是中国五千年历史沉淀出来的文化瑰宝，大多由四个字组成，不过也有不是由四个字组成的，比如，"一不做，二不休""一问三不知""三十六计，走为上策"……成语中暗藏了丰富的生活哲理，值得我们好好传承下去。

19 陪孩子一起整理桌面

【活动介绍】

干净的桌面更有利于人清晰地思考。父母在空闲的时候可以和孩子一起整理桌面，将书籍整齐地摆放好，将零散的文具等学习用品统一收纳进储物柜，方便下次取用。

【如何开阔眼界】

整理和收纳物品的过程可以很好地锻炼孩子的逻辑思维能力。养成收纳的习惯之后，孩子会对自己要做的事情更有条理和规划。

设想一下，乱糟糟的书桌上满是纸屑和灰尘，各种文具堆叠如山，这种环境简直让人无心学习。经过一番细心整理之后，书籍被摆放得整整齐齐，桌面被擦拭得一尘不染，干净得发亮，这种变化是不是让人十分有成就感？而这一切只需要我们动动灵活的小手就能实现。

在生活中，父母不可"不拘小节"，孩子有很多卓越的习惯都是从很小的事情上慢慢培养起来的。譬如整理书桌这个行为，它不仅能培养孩子干净整洁的生活习惯，还能让孩子做事情井井有条。不要忽视这些不起眼的小事，它们都是孩子培养良好性格、走向幸福人生的垫脚石。

带孩子去纪念馆，了解历史上的著名人物

【活动介绍】

在假期的时候，家长可以带着孩子去纪念馆走走，了解历史上一些著名的人物。

【如何开阔眼界】

纪念馆是纪念重大历史事件或重要历史人物的机构。纪念馆里陈列着许多具有历史价值的实物，例如历史人物曾使用的物品，还会展出具有历史意义的文字及影像资料。对孩子来说，纪念馆则是一颗充满历史传承、人文精神的种子。

参观纪念馆时，家长和孩子会慢慢走进一个传奇人物的人生，走进一段恢宏的历史，受到精神的震撼，从而树立正确的"三观"。在馆内，通过讲解员的讲解或者自行阅读文字资料，孩子能够了解名人的生平和成就，以及历史事件的始末，学习历史知识，感受历史文化，接受优秀传统文化的熏陶。家长可以引导孩子思考历史经验教训，树立或者进一步明确个人奋斗目标和志向，同时让孩子知道现在的和平生活来之不易，要学会珍惜，好好学习，长大后报效祖国。

趁着周末，带着孩子去纪念馆走一走吧！

21 带孩子一起画出一本书的思维导图

【活动介绍】

利用空闲时间和孩子用思维导图的方式将书本中的知识串联起来吧，这种方式可以方便孩子记忆大量的信息。

【如何开阔眼界】

思维导图起源于 20 世纪 70 年代，创始者是东尼·博赞。东尼创造思维导图的灵感源于大脑的发散性。思维导图的主要形状是树枝，以一个大主题为中心不断地向外发散出许多小的分支主题，层层递进。思维导图十分符合大脑的发散性思维规律，可以将复杂的内容有序地串联在一起，因此能帮助我们记住大量的信息。

思维导图对学术研究有着十分重要的作用，家长可以在空闲时带着孩子一起画一画思维导图，帮助孩子加深对知识的理解和记忆。

让孩子复述一个故事 22

【活动介绍】

父母在给孩子读完一个故事之后，可以让孩子将这个故事复述给自己听。复述故事不是简单地死记硬背，而是在完全理解故事的内容之后，凭借深刻的记忆，通过自己的口吻来讲述。复述故事的核心在于抓住故事的主干，至于一些细枝末节，可以让孩子用自己的话来简单概括。

【如何开阔眼界】

孩子在复述故事的过程中，能加深对这个故事的记忆。不仅如此，孩子也会对这个故事加入自己的理解和想象，这样就拓展了孩子的创造力，提升了孩子的思辨思维。流利地将故事复述出来，还锻炼了孩子的语言表达能力和胆量。家长还可以教给孩子著名的"五指复述法"：伸出手，从大拇指开始，依次代表人物、环境、起因、经过、结果，让孩子通过掰手指轻松抓住故事的脉络和框架。

家长在孩子复述的时候，应全神贯注地聆听，这样会让孩子感受到自己的演讲受到了重视，有利于提高孩子的自信心和成就感。聆听是一种无声的肯定。家长无须努力附和，也不需要点头致意，只需安静地倾听，孩子就能信心大增。

23 尝试用相机拍一张很美的风景照

【活动介绍】

偶然走在路上，突然被眼前的风景打动时，请拿出相机，将这片深入人心的风景记录下来吧，因为这是在光影和景物的完美配合下构造出来的独一无二的风景。

【如何开阔眼界】

拍摄风景照可以培养孩子对于色彩和形状的敏感度，潜移默化地提高孩子的审美，帮助孩子开发智力，发掘潜能。在摄影的过程中，不仅孩子的摄影技术能得到提高，对身边细小事物的观察能力也能不断加强。生活中的微小诗意可以帮助孩子培养感性思维。"性温则心善"，美的事物有助于一个人道德感的塑造和同理心的培养。长期受到艺术的熏染的孩子容易成为一个人格健全、心灵善良的人。

偶然遇见的风景是最精妙的，也许是街边摇曳的绚烂的三角梅，也许是经历昨夜风雨后飘落一地的秋海棠，也许是飞驰而过的自行车，车篮里还坐着一只小狗……将这些偶然捕捉到的风景定格在照片中，以后再将照片拿出来看时，就能回忆起当时的心境，在繁忙的生活中，感到一丝由心而发的安慰。

用凋落在地上的花编一个手环

【活动介绍】

落英缤纷，有的淡雅，有的艳丽。将掉落的花瓣拾起，用一根绳子穿起来做成手环，戴在手上。这个过程十分考验孩子的动手能力，还能体现小朋友独特的审美和创造力。

【如何开阔眼界】

看见凋落在地上的花瓣，你会想到什么？也许是诗人眼中转瞬即逝的美丽，也许是一种普通的自然现象。有些植物开花之后会进入结果的阶段，但有些植物不会结果，而是等待来年继续开花。

从含苞待放到艳丽盛放再到最后的枯萎凋零，一朵花的生命周期既充满向上的张力，也有最后凋谢的遗憾。正如这句诗所说："落红不是无情物，化作春泥更护花。"花朵凋谢既是生命的终点，也是生命的起点。它掉入泥土中，滋养花木，为来年花朵盛放埋下伏笔。

用凋谢的花朵编一个手环，这个过程可以锻炼孩子的动手能力，调动思维，让他们感受做手工的乐趣，领悟大自然独特的美丽。

25 陪孩子一起用蜡笔画一幅简笔画

【活动介绍】

陪孩子用五彩缤纷的蜡笔画一幅简笔画吧！画的内容可以是一些简单的事物，如蓝天、白云、树木、花草等。在绘画的过程中锻炼孩子的观察能力，让孩子从微小的事物中体验生活的乐趣。

【如何开阔眼界】

画简笔画不但可以提升孩子对于色彩和图形的敏锐度，刺激孩子的感官，帮助孩子开发大脑，还能让孩子在享受创作的乐趣的同时提高动手能力，培养创新思维。

在绘画时，孩子用稚嫩小手勾出简单线条，就能构建出丰富多彩且独一无二的精神世界。绘画不仅是一种艺术形式，更是表达自我的方式，陪孩子画画，让他们用线条描绘自己眼中的世界，用色彩诉说内心的感情，父母就是他们最好的倾听者。

曾有人说过这么一句话："艺术家的使命是在混乱中找到秩序。"艺术是自由的，但是唯有在自由之中找到线条和色彩构建的完美秩序，才能将精彩绝伦的艺术呈现在大家眼前。

第四章
生活篇

在生活实践中
走向充实人生

1 陪孩子一起洗衣服

【活动介绍】

周末的时候，如果孩子无事可做，与其闲着，不如将孩子的脏衣服拿出来，让孩子自己动动小手，把衣服清洗干净吧！充实的一天从清洗一件衣服开始。

【如何开阔眼界】

洗衣服看似是一件十分简单的事情，但其实包含了许多的学问。比如，要放多少洗衣液才能将衣服洗干净且不会造成浪费呢？衣服要冲几遍才能干净？不同的面料必须采用不同的清洗方式，有些可以水洗，有些则必须干洗；有些可以用洗衣机大力搓洗，有些则只能轻柔手洗。掌握好洗衣服这门学问，不仅可以保证衣物的干净卫生，还可以延长衣物的使用寿命。

洗衣服这件简单的家务事，锻炼的是孩子的动手能力、细心思考的能力，以及自己的事情自己完成的独立人格。

很多时候，教育孩子不需要讲大道理，生活就是孩子最好的老师，从稀松平常的小事做起，就足以培养孩子的独立人格、正确的三观。

带孩子一起去农贸市场买菜 ②

【活动介绍】

面对每天端上餐桌的美味佳肴，很多孩子一定觉得它们稀松平常。但是小朋友们知道餐桌上这些佳肴的原材料是从哪里来的吗？选择一个周末的早上，起个大早，带孩子去农贸市场"凑凑热闹"吧！

【如何开阔眼界】

农贸市场是众多农副产品的生产者出售农副产品的地方，消费者在这里可以买到瓜果蔬菜、禽肉蛋奶，还有一些当地的特色小吃。

清晨的农贸市场一般最为热闹。不论男女老少，当地的居民都会赶到农贸市场采购烹饪所需的食材。农贸市场的食材大多十分新鲜，很多蔬菜刚采摘不久就被送到市场里贩卖，价格也算公道。很多人提着菜篮子在市场里逛上一圈，最后都能满载而归。

父母可以带着孩子到农贸市场，观察商家是如何与买家达成交易的。父母也可以让孩子拿着钱去购买自己想买的东西，让孩子树立正确的消费观和金钱观，锻炼孩子的沟通能力。

汪曾祺曾说过："有人爱逛百货公司，有人爱逛书店，我宁可去逛逛菜市。看看生鸡活鸭、鲜鱼水菜、碧绿的黄瓜、彤红的辣椒，热热闹闹，挨挨挤挤，让人感到一种生之乐趣。"农贸市场里蕴藏的人间温情、喧嚣热闹，着实让人感到踏实和温暖。

3 收集落叶，将最好看的一片做成书签

【活动介绍】

在秋天树叶纷纷飘落的时候，我们可以收集树叶，将其中最好看的一片做成书签！网上有一种十分流行的书签做法，就是"叶脉书签"。叶脉书签的制作过程是将叶子放在洗衣液里，浸泡一段时间后，将树叶取出，用牙刷轻刷叶面，尽量不要破坏叶脉，最终你就得到了一个十分精美的叶脉书签。用颜料给叶脉添上自己喜欢的颜色，干燥后就可以夹在书页里了。

【如何开阔眼界】

不同的树叶有不同的形状、不同的美感，有些树叶边缘圆滑饱满，有些边缘有明显的棱角，有些则呈锯齿状。

树叶经过洗涤之后，会变得透明清晰，用来做书签也十分环保、有趣。最重要的是，通过自己的双手制作出来的书签，意义当然不同。

制作书签的过程可以激发孩子的创新思维和动手能力，不仅如此，孩子在模仿别人制作书签的过程中也提高了学习能力。

很多学习都是从游戏开始的，利用好这些趣味小游戏，能激发孩子的创造力。

用毛线制作一幅画

【活动介绍】

毛线画很适合作为从幼儿园到中学的全年龄段孩子的手工活动，它的制作门槛很低，只要用毛线简单粘贴，就能创造出一幅漂亮精美的画作。

制作毛线画之前，家长需要准备的工具有画布、双面胶或胶水、色彩缤纷的毛线、铅笔和剪刀。家长和孩子可以先用铅笔画出底稿，然后挑选毛线，把它们摆成各种各样的形状、图案，再用双面胶或者胶水粘贴在卡纸上，变成一幅画。

【如何开阔眼界】

作画的方式有千万种，重要的是有发现美的眼睛。孩子平时习惯了使用颜料在画纸上绘制图案，那是否可以尝试利用其他的工具来绘制图案？毛线五颜六色、柔软易弯曲，能充分调动孩子的想象力，方便他们用小手灵活操作。这个游戏不仅能帮助小朋友们开发大脑，激发他们的创造力，而且能够培养他们对于色彩和线条的敏锐度，帮助他们提升审美，锻炼艺术思维。在做这件手工作品的过程中，孩子们能在动手实践中度过充实的时光，收获满满的成就感！

5 陪孩子一起搭个帐篷

【活动介绍】

孩子们尝试过亲手搭建一个户外的帐篷吗？在搭建帐篷之前，我们要买好所需的材料。在组装的时候，要先仔细阅读说明书，然后按说明书来搭建帐篷。搭帐篷是个技术活，需要孩子们开动自己的小脑筋。

【如何开阔眼界】

搭帐篷时最好要找一个背风且比较平坦的地方。找好地方后，我们要取出遮光布，在遮光布的四角绑上钢钉，将钢钉扎进土里。最好将钉子打深一点，以防松动，然后用支撑杆把帐篷支起来。帐篷支好后，我们在帐篷里铺好毛毯或者被褥，就可以舒舒服服地躺进去了。家长和孩子可以在帐篷里或坐或躺，在夜晚倾听虫鸣，那真是一种美妙的享受。白天，孩子们可以在帐篷里嬉戏，或者在帐篷外面搞一次露天烧烤，享受自己的劳动成果。

自己动手搭建帐篷的过程不仅十分有趣，而且可以让孩子养成热爱劳动的观念，有利于孩子的健康成长。

开展一次家庭采访，让孩子扮演小记者

【活动介绍】

　　选择一个贴近生活的话题，让孩子扮演小记者，围绕这个话题组织一次家庭采访。

【如何开阔眼界】

　　让孩子扮演小记者，通过采访和摄影报道的方式培养孩子搜集信息的能力。在采访的过程中，孩子首先要选择一个话题，这个话题不仅要贴近现实，而且最好要蕴藏深意，这个过程十分考验孩子的思维能力。然后孩子要围绕着这个话题去采访所有的家庭成员，这样可以锻炼他们的表达能力和理性客观的思考能力。在采访之后，孩子还要用简洁准确的语言将每个人的想法记录下来，这能够锻炼孩子的文字叙述能力。

　　专业记者总是在实时追踪大事小事，将关键的信息及时地传播给大众，见证并记录下历史的进程，是一个社会不可或缺的信息传播者和舆论监督者。让孩子扮演小记者，不仅可以培养他们理性、客观的思维方式和换位思考的能力，而且还能让他们深入了解记者的社会责任和历史使命。

7 在家里模拟火灾发生时如何自保

【活动介绍】

父母可以在闲暇时间和孩子来一场家庭火灾演习，教会孩子如何在火灾来临时更好地保护自己。

【如何开阔眼界】

火灾是非常可怕的，熊熊大火会烧毁家中的物品，威胁人的生命。我们也许无法杜绝火灾，但是我们可以学习自救的方法，在火灾来临的时候最大程度地保护自己的生命安全。

火灾的危害不限于高温、缺氧，物品燃烧时产生的浓烟同样危险。浓烟中含有大量的有毒气体，人一旦吸入过量就会窒息晕倒，十分危险。所以发生火灾时，一定要用湿毛巾捂住口鼻，尽量贴着墙壁，采用蹲跑的姿势，尽快逃离现场。

要尽快拨打火警119，不要选择跳楼逃生或者乘坐电梯。如果身上的衣服不小心被点燃，要尽快脱掉，用水扑灭，或在地上打滚，将火压灭。火灾发生后，一定要以生命为首，不要舍不得财物，否则最后可能人财两空。

针对不同类型的火源要采用不同的灭火方法。如油锅燃烧时，若火势较小，可以用锅盖把火盖住；火势较大的话，就要使用灭火器来灭火，而且不能用水型灭火器，而要用二氧化碳灭火器。

时常模拟火灾逃生，孩子在火灾真正发生时就不会慌张。家长应该重视火灾自保演习。火灾不可怕，只要有准备。

带孩子认识家中一些可能存在危险的东西

【活动介绍】

小孩子生性好动，难免好奇心强，什么东西都想用手摸一摸，甚至放进嘴里尝一尝。小孩不懂事情有可原，但家长不能马虎大意，应该尽量把家中可能存在的危险物品放在孩子碰不到的地方。如果无法转移位置，那就有必要跟孩子讲请楚，排除隐患。

【如何开阔眼界】

第一，电器。家长要告诉孩子，家中的电器不能乱碰，尤其不要用湿手触碰，这样很容易触电。第二，锐器。菜刀、剪刀、针等物品容易刺伤、划伤孩子稚嫩的皮肤，家长要提醒孩子不要因为好奇把它们拿在手里玩。第三，一些细小的东西。玻璃球、笔芯、塑料泡沫等东西不要让孩子放进嘴里，如果不小心吞下去，是很危险的。第四，有锐角的家具。家长最好用防撞胶将家具的锐角包起来，防止小孩在玩的时候磕伤。第五，有毒性的物品。老鼠药、樟脑丸等家长要收好，防止孩子不小心吃下去。第六，过期食品、过期药品。这些东西要及时处理，以防孩子误食。第七，高温的东西。高温的物品要远离儿童放置，以免烫伤孩子。

很多不起眼的细节也许会变成安全隐患，关注细节，为孩子的健康成长保驾护航。

9 在家里进行一次地震演习，学会在危险时刻自救

【活动介绍】

地震发生的速度很快，危险极大，如果不提前演练，地震发生的时候可能会让人手足无措。父母可以和孩子在家里演习地震来临时的状况，让孩子懂得如何在地震发生时自救。

【如何开阔眼界】

第一，地震时要尽量逃到空旷、平坦的地方，远离高层建筑物，防止被掉落的水泥、砖头砸伤。如果不能逃出建筑物，则应躲到家中坚固的地方，如桌下、床下，尽量护住脑袋，避免头受伤。第二，如果被困在倒塌的建筑物中，要保存体力，间隔性呼救，如果身上有手机，用手机呼救效果更好。第三，困在地下时不要乱动，避免余震导致的塌方给身体造成伤害。第四，如果被困在地下的时间较长，得救时不要立刻睁眼。因为眼睛长时间在黑暗中，突然遇到亮光会受到伤害。第五，地震时尽量不坐电梯，以防电梯因为断电而从高空坠落，造成人身伤害。

面对自然灾害，我们应该防患于未然，尤其在一些地震高发地区，我们更应该在平时加强地震逃生演练，这样就能在灾难真正来临时将伤害降到最低。

陪孩子一起布置自己的房间

【活动介绍】

在空闲的时候，陪着孩子一起布置他们的房间，房间不需要华丽，但应该干净、温馨。

【如何开阔眼界】

孩子在慢慢长大的过程中，独立意识会越来越强，他们渴望拥有一个属于自己的独立的房间。在这个房间里，孩子仿佛就有了自己的小天地，可以不受干涉地做自己喜欢的事情。

整理好自己的房间对孩子来说也是一个需要养成的好习惯，当房间被布置好了，孩子居住起来也会更舒适和开心。在空闲时，家长可以陪孩子一起布置房间，也可以让孩子充分发挥自己的想象力，将闲置的东西制作成一件件精美的艺术品来装饰房间。

最好的教育是言传身教，父母不应该一味地说教，而应该身体力行地陪伴孩子养成一些受益终身的好习惯。

11 一起制作简易风筝

【活动介绍】

放风筝是许多人的童年回忆。一个个精美的风筝被一根引线牵住，轻盈地飘浮在天际，仿佛长了翅膀一般。放风筝真是充满了童真童趣。如果能让孩子们亲手制作风筝，这样放出去的风筝一定更具有别样的意义。

【如何开阔眼界】

制作风筝不但能加强孩子们的动手能力，更能让孩子们理解风筝飞行的原理，是不错的手工游戏。制作简易风筝，需要准备好至少六根竹片，还有牛皮纸、胶水、剪刀等。在制作前，要先在白纸上设计好风筝的样子，再根据图纸裁剪牛皮纸，拼接成想要的形状。制作风筝时，我们可以先用竹片搭好架子，然后糊上纸，用一根线穿过制作好的风筝纸，并且绑牢。当风筝制作好了，就可以在一个有风的早晨将亲手做成的风筝慢慢放飞了。看着漂亮的风筝优雅地翱翔在蔚蓝的天空中，之前所有的努力都是值得的了。

动手能力是孩子成长过程中一个非常重要的能力，在父母的陪伴下培养这种能力，效率会更高。

陪孩子一起做体操 **12**

【活动介绍】

做体操可以帮助孩子们增强体质，预防疾病，锻炼体态，释放压力。在空闲的时候陪孩子一起做体操，活动活动四肢吧！

【如何开阔眼界】

体操是一个需要长期坚持的体育项目，孩子们做事容易三分钟热度，即使知道做体操的好处，也很难坚持下去。如果父母能以身作则，陪孩子们一起做，锻炼身体，强健体魄，孩子们就更能坚持下去。父母与孩子一起做体操，既能给予孩子陪伴，还能让孩子的身体得到锻炼，可谓一举两得。

拥有强健的体魄能够提高孩子的学习效率，事半功倍。在培养孩子运动习惯这一方面，最好的教育方式不是靠嘴说，而是身体力行，言传身教，这样父母在锻炼身体的同时，也能够培养孩子的运动好习惯。

13 让孩子摆摊卖掉自己闲置的玩具

【活动介绍】

你是否也曾遇到这样的情况？有些玩具随着孩子年龄增长或兴趣转移，被孩子逐渐淡忘，闲置在角落里，成为压箱底的"废品"。如何处理这些闲置的玩具也是有学问的，如果只是简单地当作垃圾丢掉，不仅有些可惜，还可能会让孩子养成不勤俭节约的毛病。让孩子摆摊，低价卖掉那些还能使用的玩具，不仅能锻炼孩子与人打交道的能力，而且使玩具实现循环利用，更加环保。

【如何开阔眼界】

让孩子们去摆摊卖掉自己闲置的玩具有以下好处：一是培养孩子节俭的经济意识，避免花钱大手大脚；二是培养孩子的独立意识，对自己的事情负责；三是培养孩子的沟通能力，敢于和陌生人打交道，不怯场；四是培养孩子自食其力的劳动意识。

和孩子用废旧的布料缝制一个包

【活动介绍】

如果有空闲的时间，父母可以在家中找一些废弃的工具及布料，和孩子一起尝试缝制一些手工制品，如手工包。

【如何开阔眼界】

做手工能够培养孩子的动手能力，激发孩子的想象力与创造力。做手工的内容不需要十分复杂，比如可以使用家里废旧的布料缝制一个包。从小事做起，培养孩子独立思考的能力。孩子做手工包时，父母可以在旁边指导和鼓励孩子。在手工包做好后，还可以让孩子拿实物与图纸对比一下，看看有什么欠缺，找找原因，争取下次做得更好。

不要忽视生活中的一些小事，它们可以帮助孩子培养动手能力，提高孩子的想象力。

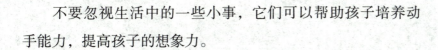

15 陪孩子将玩具分类整理，收拾到箱子里

【活动介绍】

玩具陪伴许多孩子度过孤独无聊的时光，让童年充满欢乐。可是孩子总是喜欢在玩完玩具之后把玩具四处乱丢，下一次要玩的时候东找西找。家长应该引导孩子养成收拾玩具的好习惯，将玩具收拾到一个固定的地方，下次要玩的时候就可以轻松找到了。

【如何开阔眼界】

每位家长都希望自己的孩子养成良好的生活习惯，而教会孩子整理自己的玩具，不仅可以培养孩子的责任心，还能提高孩子的自理能力，让孩子做事更有条理。

大部分孩子在刚开始收拾玩具时，会表现出抗拒心理，这个时候，家长千万不要代替孩子收拾玩具，而是要和孩子一起。慢慢地，通过家长身体力行的陪伴，孩子就会养成自主收拾玩具的好习惯，不再需要大人的督促。

父母是孩子一生学习的榜样，对孩子的影响是潜移默化的，孩子也总是喜欢模仿父母的言行。有些习惯看似微不足道，实则会影响孩子的一生，因此父母自己做好了，孩子才能养成好的习惯。

陪孩子将鞋子刷干净

【活动介绍】

孩子生性活泼，喜欢乱跑乱跳，常常将鞋子弄脏。这样看来，让孩子一直保持鞋面干净似乎不大可能。既然如此，不如让孩子自己动手把鞋子刷干净。

【如何开阔眼界】

陪孩子将鞋子刷干净，既能让孩子提高动手能力，又能让孩子养成讲卫生的好习惯，下次出去玩的时候又可以换上干净鞋子啦！刚开始孩子可能不知道怎样刷鞋，需要父母花点耐  心去教会孩子。父母可以让孩子先将脏鞋换下来，用蘸上水的刷子使劲刷脏的地方，遇到特别顽固的污渍就用洗衣粉或肥皂洗。一定要在脏的地方反复刷，直到刷干净为止。大人可以先示范给孩子看，示范几次后让孩子自己动手。多做几次，孩子下次就能独自将鞋子刷干净了。

将鞋子刷干净看似是一件微不足道的小事，但其实是在培养孩子自己的事情自己做的独立能力和责任感。家长应该从小事出发，去培养孩子的好习惯和正确的"三观"。

17 让孩子交一次水费

【活动介绍】

水费是家庭日常开支中的重要一项，和我们的生活息息相关。在现代社会，缴纳水费的方式是多样的，我们可以选择到供水公司窗口缴纳水费，也可以通过手机线上缴纳。若要锻炼孩子的社交力，则建议家长带孩子去供水公司现场缴纳。

【如何开阔眼界】

让孩子尝试为家里交一次水费，不仅可以培养孩子的基本生活技能和自主意识，还可以让孩子学会换位思考，明白"一点一滴都来之不易"的道理。

如果选择让孩子到供水公司窗口缴纳水费，那么我们可以先教会孩子如何使用导航软件找到供水公司的位置。我们还要给孩子水卡或现金，并教会孩子如何与窗口工作人员沟通。这种线下交水费的方式对孩子来说是一种双重锻炼，既可以提升他们的人际交往能力，又可以让他们了解一些生活常识。

如果想让孩子线上缴纳水费，那么我们还可以让孩子通过对比近几个月水费的变动，引导孩子思考节约用水的方法，从而节省水费。这同样是一种双重锻炼，让孩子既体验了现代科技的便利，又培养了成本意识。

父母要从小培养孩子的必备生活技能和良好的生活习惯，帮助他们养成独立自主的性格，对家庭也更有责任感。

陪孩子布置一次生日宴会　**18**

【活动介绍】

生日每年只能过一次，是增进亲子关系的好时机，生日宴会的仪式感总是能让孩子感受到亲人、朋友满满的爱意。在孩子生日的时候，陪孩子一起布置生日宴会吧！

【如何开阔眼界】

首先我们可以在网上选择一套孩子喜欢的生日背景墙纸。等货到了以后，和孩子一起按照他的喜好来装饰，还可以配上一些五彩斑斓的气球和彩带，摆上花束，点上蜡烛。布置好了，整个房间就会充满氛围感。笔者衷心祝愿每一个孩子都能开心每一天，好好享受快乐的童年时光。

陪孩子布置生日宴会，不仅可以表达父母对孩子的关心和关爱，还可以培养孩子的动手能力和创新意识。

19 让孩子在高铁站买高铁票

【活动介绍】

高铁已经成为我们生活中不可或缺的长途交通工具，有机会的话，家长可以让孩子们自己去买车票。

【如何开阔眼界】

现在，高铁票在手机上就能买到，票若售空，则可以去高铁站碰碰运气。但为了让孩子学会买票，家长可以带着孩子到高铁站的人工售票处买票。

买票之前首先要确定孩子的身高和年龄是否符合购买儿童票的标准。确定符合标准以后，先让孩子按顺序排好队，轮到他时，让他把身份证交给售票员，和售票员详细说明要买几张票、哪个时间段、从哪里去哪里、是一等座还是二等座。售票员查询到符合条件的高铁票后，让孩子将钱付给售票员，取票。这样买票的过程就结束了，孩子一定会觉得成就感满满。

让孩子尝试自己买票，不仅能够帮助孩子获得一项必备的生活技能，也能够培养孩子的独立意识，开阔孩子的眼界。

陪孩子去尝试一家没吃过的餐厅

【活动介绍】

假日里最幸福的事莫过于陪孩子去尝试一家没吃过的餐厅，尝尝来自五湖四海的不同风味的美食。

【如何开阔眼界】

美食中凝结了一个地区独特的生活习俗和地方个性，是一个地区的味觉名片。

试想一下，在周末的时候和孩子到一家餐馆，厨师们精心制作的美食不仅让人眼花缭乱，而且让人食欲爆棚，垂涎三尺。吃过以后，我们会十分庆幸做了这个选择，享受到味觉和视觉的双重盛宴之后，学习的疲劳也在这一刻烟消云散。

偶尔陪孩子去没吃过的餐厅，不仅可以满足孩子的口腹之欲，而且可以帮助孩子了解各地的饮食文化、风土人情。

21 陪孩子制订日计划、周计划、月计划

【活动介绍】

做计划可以帮助孩子更好地实现目标，想要实现一个复杂的目标，往往需要制订长期计划和短期计划。长期计划能帮助孩子确定努力的方向，源源不断地提供动力，短期目标能帮助孩子"分期"实现梦想，唯有两者结合起来，孩子才能坚持下去。

【如何开阔眼界】

家长可以陪孩子一起制订日计划、周计划、月计划，如日计划可以设定为每天陪孩子看一小时的课外书，周计划可以设定为每周陪孩子到户外进行体育锻炼，月计划可以设定为陪孩子学一个他们自己喜欢的项目。制订计划有助于父母更好地了解孩子的成长，帮助孩子明确未来的规划和目标。

家长还可以经常采用引导式发问，例如"你今天有什么安排？""这一周你希望做什么？"……通过这样的提问，家长就能及时引导孩子修订计划与目标，在督促执行的同时，使他们转变思维：从"依赖大人制订计划"转为"自己决定要做什么"。

凡事预则立，不预则废。在日常生活中培养制订计划的好习惯，能够让孩子更有目标感，同时更自律，学习成绩或许也能不知不觉地提高。

陪孩子写一封电子邮件给朋友 22

【活动介绍】

在一个闲暇的周末，家长陪着孩子一起写一封电子邮件，然后发送给远方的朋友吧！

【如何开阔眼界】

当今信息技术高速发展，传统的传递信息的方式——书信——已经逐渐被电子邮件或社交媒体软件取代。电子邮件不但有传递信息的作用，和远方的亲人朋友交换心事，还可以锻炼孩子的语言组织能力，提高写作水平。不要忽视每一次使用文字表达自己的机会，在日积月累的坚持中，我们也许会收获惊人的进步。大文豪鲁迅很小的时候就开始坚持写日记，将自己每天经历的事情记录下来，久而久之，就养成了写作和深度思考的习惯。

写电子邮件也是我们练笔的好机会。写作时我们可以反复推敲，运用文字将自己的想法表达清楚，还可以适当地引经据典，拓展自己的联想力。

在信息不甚发达的古代，书信是人们对远在他乡的亲人朋友表达思念的一种方式。张籍在《秋思》中写道："洛阳城里见秋风，欲作家书意万重。复恐匆匆说不尽，行人临发又开封。"充分说明了书信对古人的重要性。

23 陪孩子聊未来的梦想

【活动介绍】

家长在和孩子独处的时候，可以尝试询问一下孩子对未来的规划，引导孩子谈谈未来的梦想。梦想是人生的灯塔，是成长路上的指明灯，询问孩子的梦想，可以让孩子尝试思考未来，对生活建立目标。

【如何开阔眼界】

梦想是指引我们前行的灯盏，是照亮黑夜的微光。一个民族需要仰望星空的人，一个人也需要有向往的远方。

梦想将磨难酿成甘醇的酒，将平凡生活谱成绚丽的诗歌。无事的时候和孩子聊一聊梦想，他的人生追求都藏在他想实现的目标里。

梦想虽然遥远，但并不是虚无缥缈的，它扎根于现实，落实在行动上。父母要告诉孩子，要用行动实现梦想，要用梦想指导人生。

实现孩子的小愿望　**24**

【活动介绍】

　　每个孩子都有自己想要实现的愿望，在合理的情况下，家长可以适当满足孩子的几个小愿望，这样更有利于孩子树立自信和对美好生活的向往。

【如何开阔眼界】

　　首先家长可以认真聆听孩子的愿望，不要急着拒绝，因为不是所有的愿望都是毫无意义的。愿望里包含了孩子的精神追求，比如孩子想去参加一些集体活动，这包含了孩子对友谊的渴望，这时候家长就不应该过度阻挠孩子，而是尽量满足孩子。但如果孩子只是为了和同学攀比而许下愿望，家长就应该耐心和他们解释，告诉他们攀比和虚荣是没有意义的，我们应该知道自己真正需要的是什么。家长还可以将实现其愿望作为激励孩子的动力，比如弹一小时钢琴可以看一会儿电视，或者考试有进步可以去吃一顿好的，等等。

　　合理满足孩子的诉求，走进孩子的精神世界，这样才能让孩子成长为一个有安全感的人。

25 教孩子通过深呼吸来缓解焦虑

【活动介绍】

你试过深呼吸吗？科学研究表明，深呼吸可以帮我们稳定心律，缓解紧张和焦虑。这是因为深呼吸时，我们的肺泡会被撑大，副交感神经活性增高，心跳变慢，血压降低。所以当遇到困难的时候，试着深呼吸吧！

【如何开阔眼界】

每个人都会遇到焦虑和烦躁的事情，当孩子心情烦闷或者紧张焦虑的时候，父母可以轻声对他们说："宝贝跟爸爸妈妈一起做深呼吸怎么样啊？"父母这时可以带着孩子盘腿坐好，闭上双眼，深吸一口气，然后缓慢地吐气，如此反复几遍。等孩子身体放松，情绪慢慢稳定下来，这个时候父母再跟他们讲道理才会有用。不仅如此，在孩子注意力不集中的时候，父母也可以让孩子通过深呼吸来清空杂念。

深呼吸，慢慢冷静下来，再去解决问题，这样才不容易冲动行事。学会冷静，问题就解决了一半。家长应让孩子学会深呼吸，在纷繁世界中保持清醒、理智。